図解 眠れなくなるほど面白い

大人のための

日本語と漢字

大東文化大学文学部教授
山口謠司
監修

日本文芸社

まえがき

日本語は本当に面白い！　なんと言っても、面白いことの初めには、日本語がどこからどのようにして発生してきたのかわからないということであろう。一九八〇年代、国語学者・大野晋は、インド南東部のドラヴィダ人が使うドラヴィダ語との類似性を指摘したが、そんな学説は信用にたるものではないと一掃された。他にもユダヤ語と同根だという説も戦前にはあったが、これだって偶々《たまたま》いくつか、発音と意味が一致するような言葉があるだけで、それだけではもちろん、ふたつの言語が同じ語族のものなどと言えるはずがない。

日本語の淵源《えんげん》は、おそらく今後、ＡＩやＤＮＡなどの研究によって進められ、面白い研究が出てくるに違いないが、我々が何気なく使っている日本語にも謎はまだまだたくさんある。我が国には、もともと独自の文字がなく、漢字が渡来することによって、話し言葉を「書く」ことができるようになったのだが、その漢字が、いつ頃、どういう径路で入って来たのかもまだ明らかではないのである。近年、北部九州の遺跡で発掘された弥生時代中期（紀元前二世紀～一世紀）の国産の硯《すずり》に漢字が書かれているということが明らかにされた。

してみれば、随分古くから我が国には、漢字文化が伝わっていたことになるが、

もしかしたら新しい遺跡の発掘によっては、さらに古い時代に遡《さかのぼ》ることもあろう。
また、ひらがなの誕生についても、現在、九〇五年の『古今和歌集』奏上と同時期と考えられているが、原本の『古今和歌集』は存在せず、また九〇〇年を遡ってひらがなを使った文書なども発見されていない。

日本語研究は、このように歴史的に見ても、まだまだ分明ではない点が多々あるのである。こうした研究の分野に属することでなくとも、日本語の不思議さは、日常生活でも多々感じることがないだろうか。まず、我が国の国号としての「日本」の読み方に、なぜ「ニホン」と「ニッポン」のふた通りの読み方があるのか、同じ意味で「貴社」と「御社」という言い方があるが、どんな違いがあるのか、「議論が煮詰まる」というが本当はどういう意味なのか、などなど数え上げると切りがないほど、我々が日常使っている日本語にも意味がわからないものが山ほどある。本書では、こんな日本語の不思議を取り上げ、日本語の面白さ、そして奥深さを知っていただきたいと思う。今、日本語は、歴史的に大きく変わりつつある。日本語を考える時期に我々は立っている！

現在、日本語の面白さを紹介するために、YouTubeを配信しています。「やまぐちようじ」と検索すると出てきますので、良かったらご覧ください。

二〇二〇年三月吉日　山口　謠司

眠れなくなるほど面白い 図解 大人のための日本語と漢字

もくじ

第3章 日本の美しい言葉としきたり

第4章 間違いやすい敬語

第5章 間違って使っている日本語

第6章 この日本語の違いがわかりますか？

エピローグ 正しい？ 間違い？ 日本語は楽しい

プロローグ
日本語ってどんな言葉なの？

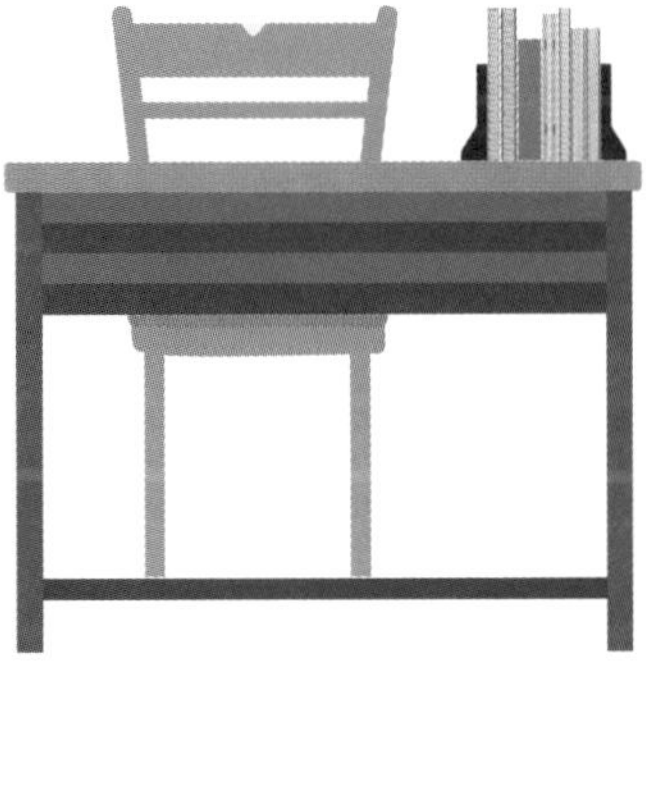

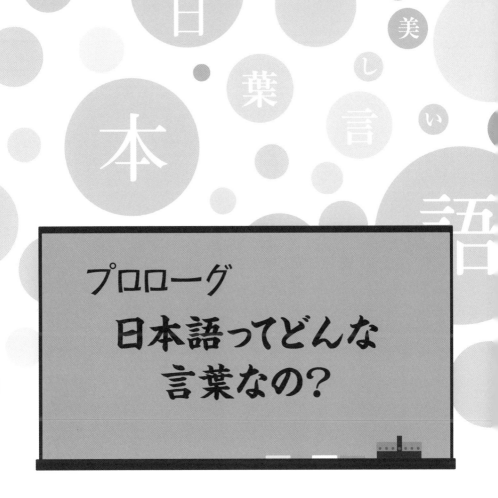

漢字の伝来によって文字が生み出された

私たちが今日何気なく使っている日本語は、古代から綿々とつながる歴史の中で、あるものは死語になり、またあるものは新しく伝わり、日々変化しつつ生き続けてきたものです。

私たちが日本語に目を向け、そのルーツを知り、あるいは本来の意味を知ることで、少しでも言葉を大事にする心を取り戻せるのではないでしょうか。また、そのような気持ちで話す人は、知性的で魅力がある人として、周囲に好印象を与えることにもなると思います。

漢字が日本に伝わった正確な時期は明らかではありませんが、中国・朝鮮半島の渡来人によって弥生時代には伝来したと考えられています。それ以前、日本人は文字をもっていませんでした。文字を必要とした古代の日本人は、自分たちで作り出すのではなく、中国の漢字を借りたのです。

後述する『古事記』（七一二年）と『日本書紀』（七二〇年）にも漢字伝来について書かれています。

漢字を広めたのは聖徳太子でした。六〇四年に書かれたとされる『十七条憲法』は日本で書かれ流布《るふ》した漢文の先駆けとなりました。純粋な中国語で

中国
日本
渡来人によって漢字は日本へ伝えられました

はなく、日本風にアレンジしたものでした。

また、**六〇七年、大和朝廷では聖徳太子が小野妹子《おののいもこ》をはじめとする、遣隋使《けんずいし》を派遣して大陸の文化を取り入れました。漢字と漢文学という教養も広がり、漢字は一般化したのでした。**さらには漢字から、万葉仮名をはじめとする日本独自の表記法を生み出していきました。

万葉仮名からカタカナとひらがなが誕生

漢字の音を用いて日本語音を書き写す技法が広まり、これを「万葉仮名」といいます。万葉仮名には、ただ音を借りた「音仮名」と、漢字がもつ意味と等しい日本語を結びつけた「訓仮名」があります。

壬申《じんしん》の乱（六七二年）で政権を握った天武天皇によって一時中断していた「正史《せいし》」の編纂《へんさん》が再開されます。稗田阿礼《ひえだのあれ》が「誦習《しょうしゅう》」していた『帝紀《ていき》』『旧辞《きゅうじ》』を、太安麻侶《おおのやすまろ》が筆録した『古事記』と、正史としての『日本書紀』という日本最古の歴史書が編纂されます。

『古事記』の表記法は大きく分けて漢文体、仮名と訓を交えたもの、すべて音仮名で書かれたもの、という三種類の文体が使われています。一方の『日

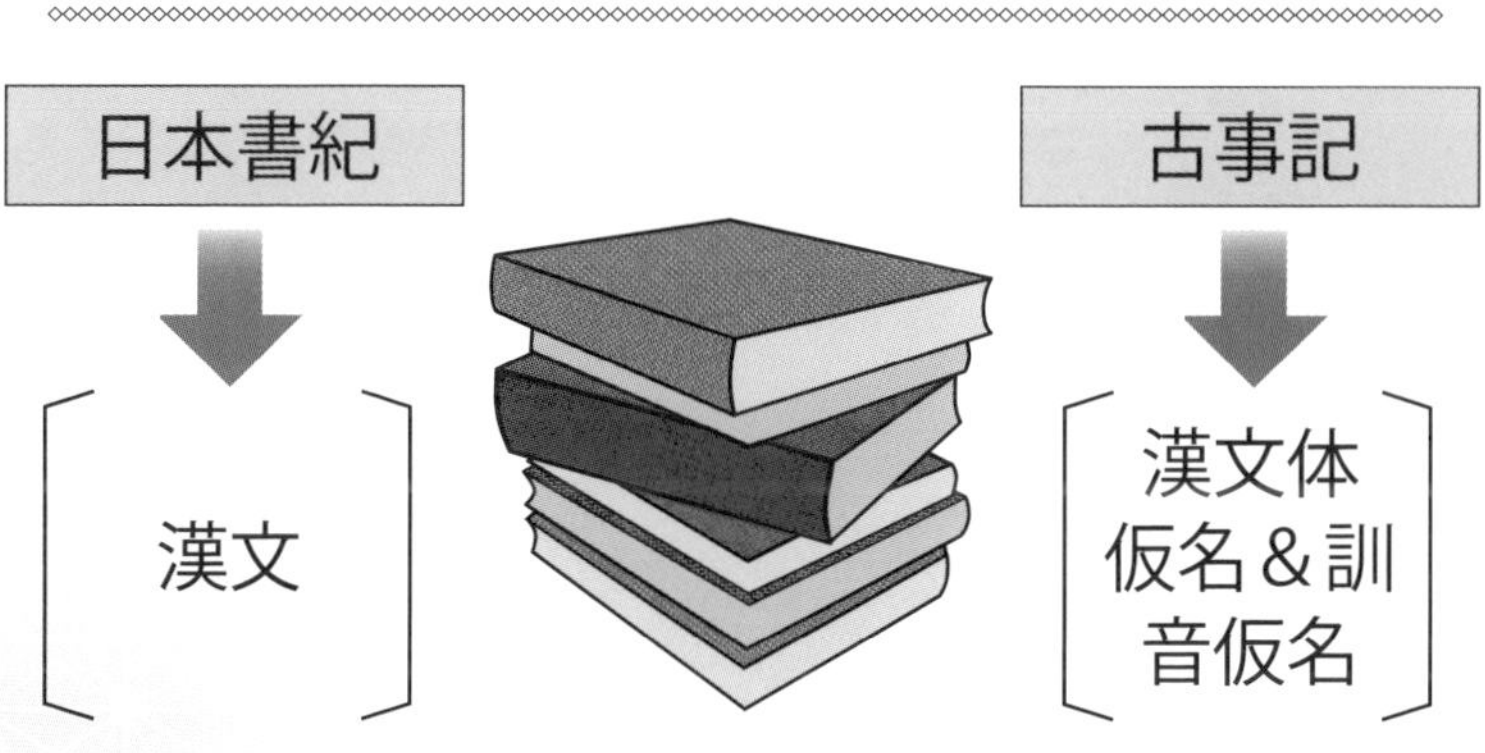

本書紀』は、漢書・後漢書などの中国正史にならった日本最初の勅撰《ちょくせん》の歴史書であることから、基本的には漢文で書かれていますが、万葉仮名も使われています。「万葉仮名」は、日本語を書き表すことに成功しましたが、すべて漢字で書き写すのには大変な労力が必要でした。そこでこれを簡略化しようという動きが出てきたのです。

漢字とひらがな、カタカナ

万葉仮名を経て、カタカナができたのはおよそ八二〇年頃、ひらがなは九〇〇年頃に生まれました。女性を中心とした文化が花開く頃にひらがなが作られ、初めての勅撰和歌集である『古今和歌集』がひらがなで書かれました。その後も文体は変化していき、平安時代には「和文体」、鎌倉時代には「和漢混交体」、「雅文体《がぶんたい》」、室町時代には「候文体《そうろうぶんたい》」が作られました。明治時代の公式文書には、漢字とカタカナを交えた「漢文訓読体」が使われ、次第に話し言葉に近い「言文一致体」が使われるようになりました。

言文一致体は口語体とも呼ばれ、「です・ます体」と「だ・である体」に分けられて現代まで使われているのです。

漢文訓読体 → 言文一致体

「です・ます体」「だ・である体」のような話し言葉に近い言文一致体は現代まで使われるようになっています。

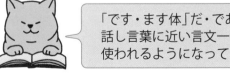

これらに加えて、外国の言葉がそのまま日本語に取り入れられたものもあります。中世の末期にはポルトガルからキリシタン、タバコなどが伝わり、江戸時代にはオランダからガラス、アルコールなどが伝わり、日本語として定着しました。

そして明治時代以降は、ドイツから医学用語や哲学用語が、フランスからファッションや芸術、料理の言葉が、イタリアから音楽用語などが伝わって、語彙《ごい》が急激に増えたのです。

中でも「コンピュータ」「ログイン」「インターネット」など、英語系の外来語は現代の外来語の80％以上を占め、広く用いられています。

このように様々な文化を取り入れながら発展してきた日本語は、外国人が習得しようとすると、とても難しいといわれます。**漢字、ひらがな、カタカナと、三種類の異なる文字を持っている言語は、日本語以外にはないのです。**

本書では中国から伝わった漢字の他に、そこから生まれたひらがなとカタカナといった日本語のルーツ、そしてさらに美しい言葉のしきたりや間違いやすい敬語から、間違って使われている日本語まで、日本語を多角的に紹介しています。

日本語の奥深さを十分に味わっていただきたいと思います。

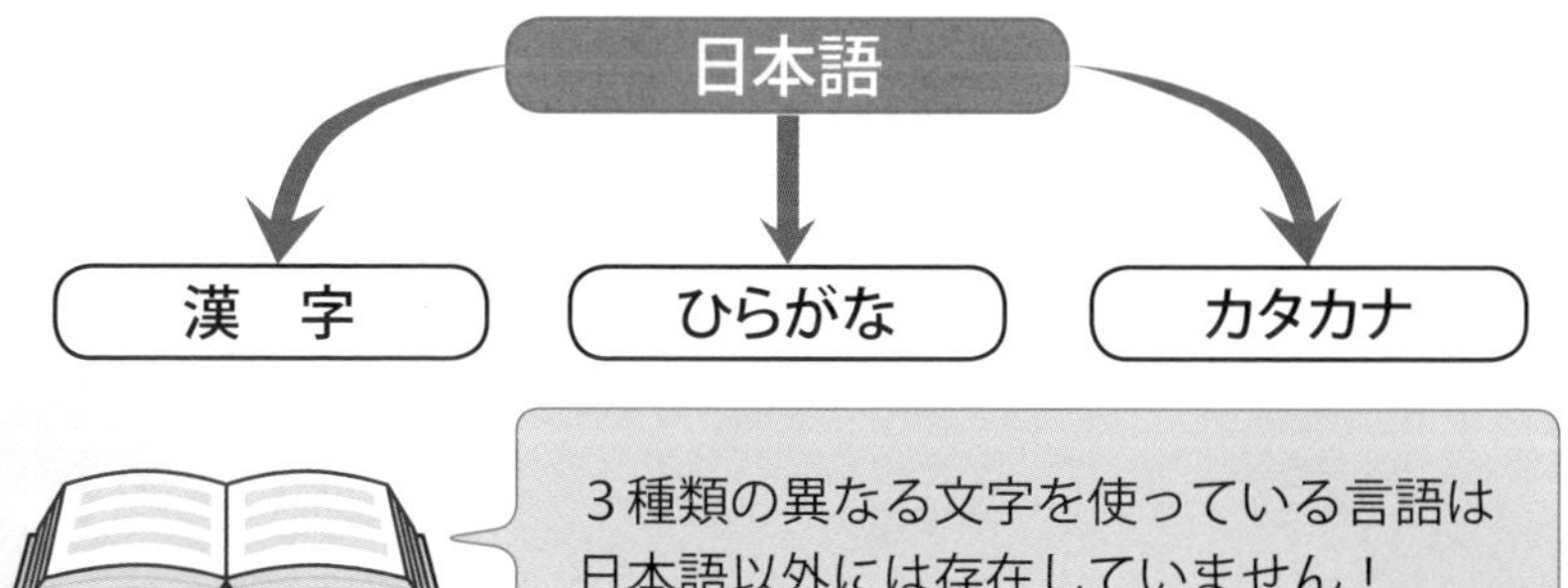
日本語
漢　字
ひらがな
カタカナ
3種類の異なる文字を使っている言語は
日本語以外には存在していません！

日本語の面白さを知る ①

ちょっとした言葉の変換が好印象を与える

日本語には美しい言葉がたくさんあります。日常の何気ない会話にも、ぜひ取り入れていただきたいと思います。美しい言葉遣いをすることで、相手に好印象を与えるだけでなく、相手を尊重する気持ちも芽生え、さらに自分自身も豊かな気持ちになります。

日本人が古くから育《はぐく》んできた美しい言葉に、「大和言葉《やまとことば》」があります。「和語《わご》」とも呼ばれるものです。『万葉集』『枕草子』『源氏物語』などに使用されている言葉で、今なお使われているものが数多くあります。

たとえば、「くつろぐ」「ときめく」「いじらしい」「たおやか」など、平安時代の貴族や紫式部なども使っていたと思えば、なおさら使いたくなるのではないでしょうか。

「ご配慮」を「お気遣い」、「恐縮です」を「痛み入ります」、「期待する」を「心待ちにする」と、大和言葉に言い換えるだけで、印象が大きく変わりますね。

とくに副詞を使いこなすことができれば、上品な会話を楽しむことができるでしょう。いくつか例を挙げてみます。

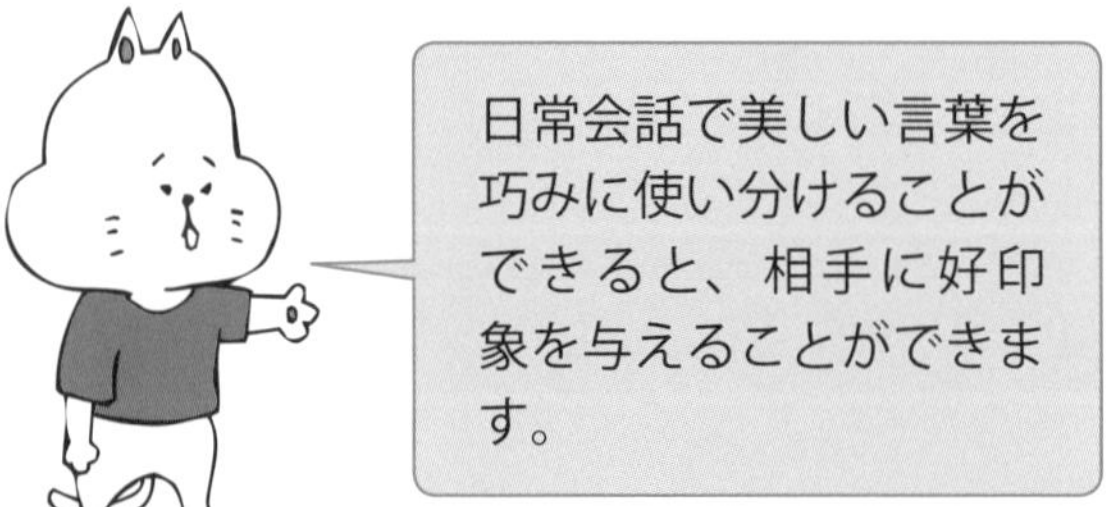
日常会話で美しい言葉を巧みに使い分けることができると、相手に好印象を与えることができます。

「ほとんど資料は揃いました」は、「あらかた資料は揃いました」

「急に雨が降ってきた。そのうえ風も強くなってきた」は、「急に雨が降ってきた。あまつさえ、風も強くなってきた」

「予想と違って、面白い映画だった」は、「思いのほか、面白い映画だった」

「ほとんど」「全部に近い」という意味の「あらかた」、好ましくない状態が重なったときに使う「あまつさえ」、予想と違ったときに使う「思いのほか」が大和言葉です。

この他にも、「いみじくも」(適切に)、「ひとかたならぬ」(並々ならず、ひととおりではなく)、「ひねもす」(一日中)、「こよなく」(この上なく)、「いささか」(ほんの少し)」など、ぜひ使ってみてください。大和言葉を学ぶことは、教養を身につけることにもなります。

万葉集　枕草子　源氏物語

↓

大和言葉が使われている

主な大和言葉

なんとなく ⇒ そぞろ
まるで ⇒ さながら
育てる ⇒ はぐくむ

大和言葉に言い替えるだけで同じ
意味合いの言葉でも相手が受ける印象が
大きく変わってきます

Column ①

年配者には理解できない若者言葉

毎年年末になると流行語大賞なるものが発表されます。2019年は「ONE TEAM（ワンチーム）」が大賞に選ばれました。過去の受賞した流行語を振り返ると、当時の世相が思い出されるものです。同時に、「こんな言葉流《は》行《や》ったっけ？」と首をかしげるものもあります。**日本語は常に変化をし続けています。本来の意味とは違った使い方をしても、多くの人たちが誤用し続けると、誤用が誤用でなくなります**（第３章以降参照）。

さてその中で10代から20代前半の若者を中心に使われている「若者言葉」というものがあります。ここに代表的は例を紹介してみましょう。「あげみざわ＝気分が乗っている」「あざまる水産＝ありがとう」「イケボ＝イケメンボイス」「おけ＝ＯＫ」「あざ＝ありがとうございます」などです。

しかし**「若者言葉」は浸透するスピードが早いものの、死語になるスピードも早いものです。**今、若者に対して「背広」などと聞くと「それ何？」という答えが返ってきます。「背広＝スーツ」「帳面＝ノート」「えもんかけ＝ハンガー」「手ぬぐい＝タオル」などがそうでしょう。

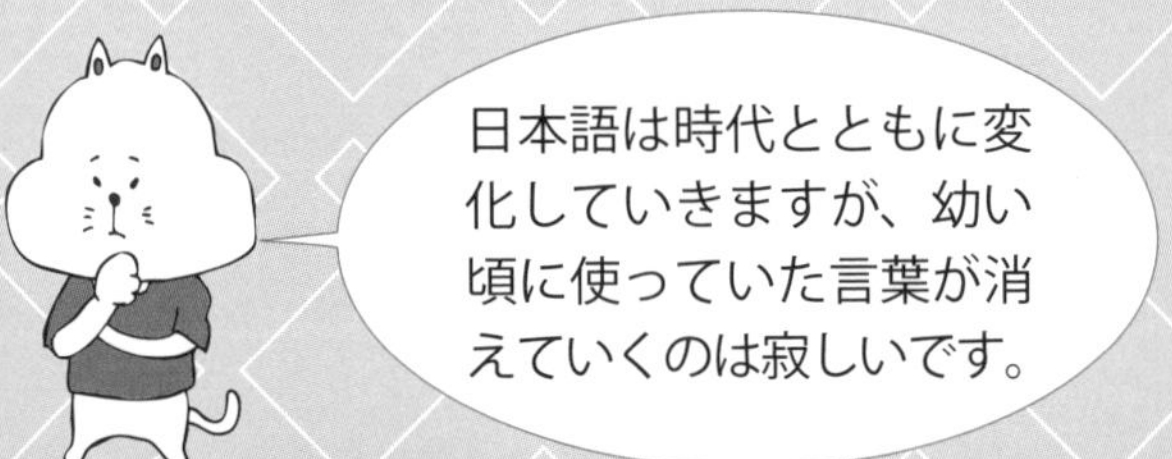
日本語は時代とともに変化していきますが、幼い頃に使っていた言葉が消えていくのは寂しいです。

第1章

日本語のルーツ

1-1 ひらがなの誕生①

平安貴族の教養だった仮名

「ひらがな」「カタカナ」を漢字で書くと、「平仮名」「片仮名」になります。「仮名」という呼び名が使われたのは、平安時代中期（九七〇年～九九九年）に成立した『うつほ物語』でした。

「仮名」には、反対語があります。それは「真名《まな》」と言い、漢字のことを指す言葉です。「仮名」はもともと「かりな」と発音されていて、「り」が発音便となって、「かんな」となり、「かな」と発音されるようになったのです。仮名、真名の「名」は、文字という意味を表します。ですから「仮名」とは、「漢字を仮に借りた文字」ということになるのです。

奈良時代にはもうひとつ、『万葉仮名』と呼ばれる仮名がありました。『万葉集』にある歌のような表記ですが、当時は「真仮名《まがな》」と呼ばれていました。**ひらがなやカタカナは漢字の形を変化させていますが、万葉仮名は漢字をそのまま書いて、その漢字の音や意味を仮名として使うので、「真仮名」というのです**（『万葉仮名』については20ページ参照）。

さて平安時代、貴族たちは上手に字を書くために、筆の使い方を学びました。書道は文化人として、身につけていなければならないものだったのです。

その際、漢字に加え、仮名が書けなければなりませんでした。『うつほ物語』（国譲《くにゆずり》・上）には、「男手《おとこで》」「片仮名」「男にてもあらず、女にてもあらず」「女手《おんなで》」「葦手《あしで》」という、五種類の仮名の書体があったことが記されています。

この五つの書体が当時は使われていたのですが、このうち「女手」と呼ばれるのが、「平仮名」です。

仮　名 ⇔ 真　名

仮名 → ひらがな → 平仮名

仮名 → カタカナ → 片仮名

5種類の仮名の書体

- 男　手
- 女　手
- 男にてもなく女にてもない
- 片仮名
- 葦　手

平安時代の貴族は筆で綺麗に文字を書くことを学んでいました。習字の習得は大切なものでありそれはひらがなの誕生につながっていきました。

ひとくち知識

日本語は母音がふたつ繋がることを嫌います

「錦織」は『Nishik「i」「o」ri』となります。「i」と「o」が繋がってますので「i」が消え「にしこり」と呼びます。似たような例で「河内」は『kawa「u」ti』の「u」が消え「かわち」と呼びます。

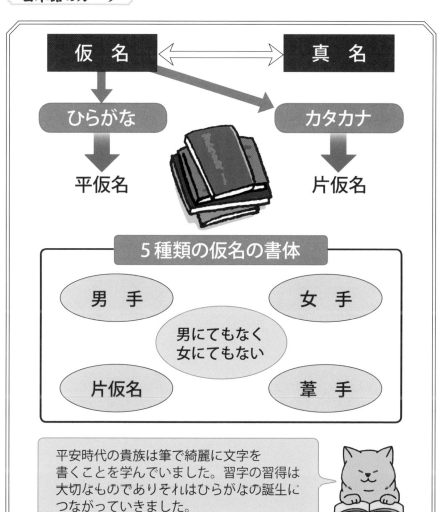

1-2 ひらがなの誕生②

漢字が徐々に崩れたのがひらがな

五つの書体について、もう少し詳しく説明していきましょう。『うつほ物語』と同時期に書かれた『蜻《かげ》蛉《ろう》日記』にも出てくる「男手」は真仮名＝万葉仮名のことです。**「片仮名」は、平仮名と同じく、万葉仮名から発達したものですが、ひらがなより少し早くできました。**「男にてもあらず、女にてもあらず」と表現されているのは「草仮名《そうがな》」で、漢字の形が草書になって、さらに形が柔らかく崩れていく過程で生まれたものです。

『源氏物語』には「まぎらはし書いたる濃墨《こずみ》、薄墨《うすずみ》、草がちにうちまぜ乱れたるも、……」「いと草がちに、いかれる手の、その筋とも見えず漂ひたる書きざまも、……」など、「草がち」という言葉が出てきます。「かな」の「な」を「ち」と書き間違えたのではありません。草仮名の中に「ひらがな」を交ぜて書いたものだとされます。つまりほとんどが男性によって書かれていた「草仮名」は、「草がち」を経て、「女手」と呼ばれる「ひらがな」になったのです。

平安時代の僧・円珍《えんちん》が書いた手紙「円珍書状」には、ほとんどひらがなに見えるような草仮名が書かれています。『源氏物語』にはまた「仮名がち」という言葉も見られます。女性が読みやすいように、できるだけ仮名を入れた書き方のことです。女手（＝ひらがな）は九〇〇年以降に普及します。

『うつほ物語』に登場する最後の仮名「葦手《あしで》」は、鴨が飛んでいるような姿に見える「ふ」や、水辺にいる鷺《さぎ》のような足の長い鳥の絵で「う」という字を表したりする、今でいう絵文字のようなものです。

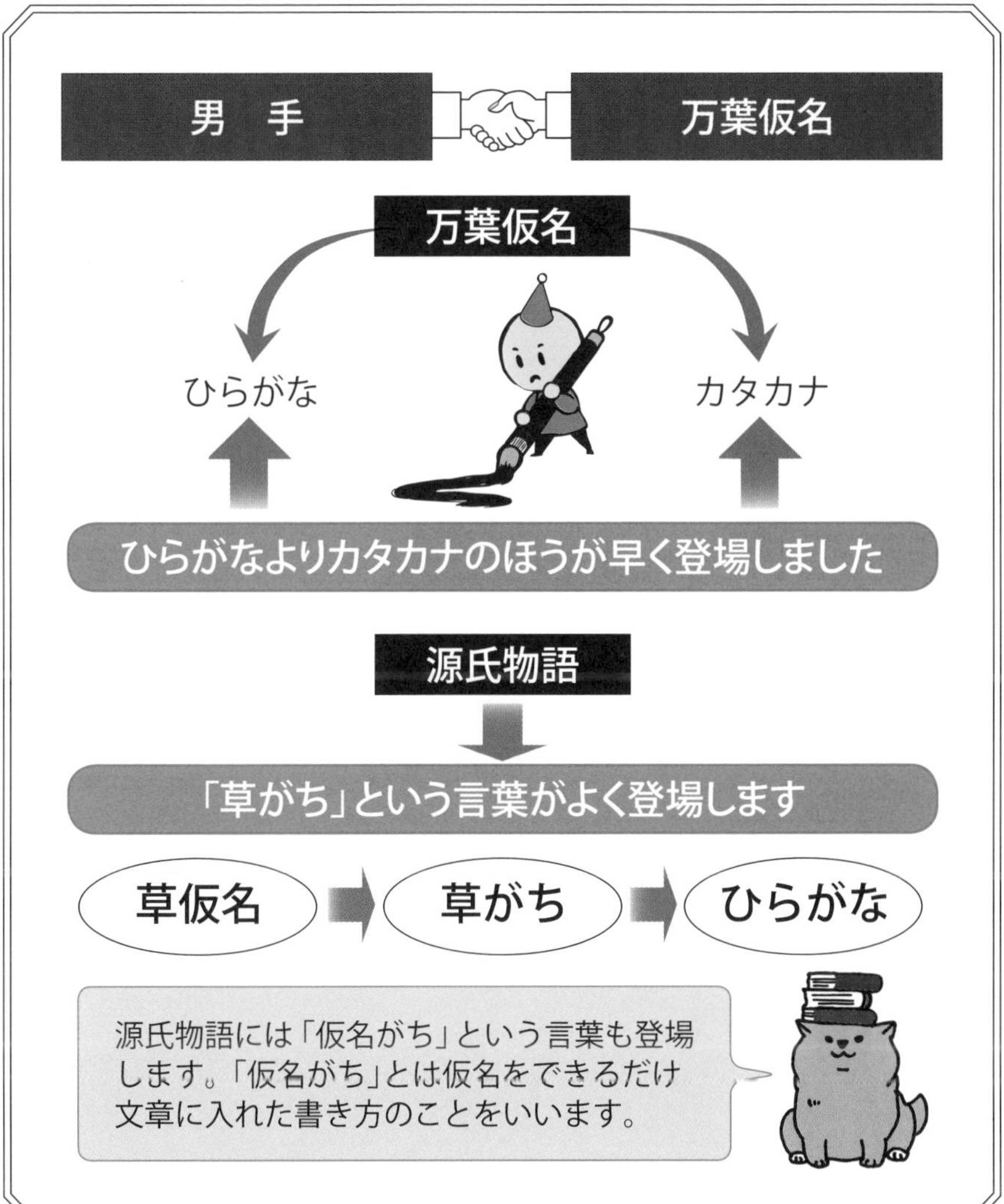
男　手
万葉仮名
万葉仮名
ひらがな
カタカナ
ひらがなよりカタカナのほうが早く登場しました
源氏物語
「草がち」という言葉がよく登場します
草仮名
草がち
ひらがな
源氏物語には「仮名がち」という言葉も登場します。「仮名がち」とは仮名をできるだけ文章に入れた書き方のことをいいます。

ひとくち知識

「里帰り」と「帰省」の違いがわかりますか?

「里帰り」も「帰省」も田舎に帰るという意味ですが、「里帰り」はもともと新婚の女性に使う言葉で、「帰省」は男性が故郷に帰るときに使う言葉です。「省」には親を省《かえり》みるという意味があります。

1-3 カタカナの誕生①

万葉人の強い思いから生まれた

カタカナを発明した人物は、吉備真備《きびのまきび》（六九五～七七五）だという説がありました。唐に二度渡り、最先端の学問を持ち帰った真備でしたが、カタカナは九世紀前半、真備が亡くなってから約五十年後に生まれたので、真備が創ったのではありません。**カタカナは漢文を読むときの「テニヲハ」を入れたりするために東大寺周辺で創られました。**

漢字の草書体が変化したひらがな同様、カタカナも「男手」＝「万葉仮名」から生み出されました。「阿」の「阝」の部分から「ア」、「伊」の「イ」の部分から「イ」、というように漢字の偏《へん》や旁《つくり》といった一部＝片側だけを独立させたことから「片仮名」という名称になったとされています。字画を省略するというこの方法が発展していったのです。

しかし、「ア」という発音を書き表すために、どうして「阿」という字が使われたのでしょうか。ひらがなの「あ」は万葉仮名で使われている「安」が変化したものです。また「亜」という字も万葉仮名にありますが、これらからカタカナは作られませんでした。**カタカナを発明するためには、日本語の音韻体系が整理されなければならなかったのです。**

また、『古事記』には「ラ」という音に「良」という字を当てている例があります。「良」はもともと「狼」と書いて中国語で「ラン（lang）」と発音しているものを略したのではないでしょうか。「ng」という韻尾を欠落させて「ラ」という音を書き表した万葉の人々には、漢字を使って日本語を書きたいという強い思いがあったのです。

西暦900年前半の平安時代

934年頃
土佐日記

905年
古今和歌集

カタカナも登場することになる

カタカナのルーツ

阿	阝	ア
伊	亻	イ
宇	宀	ウ
江	工	エ
於	方	オ

ひとくち知識

本は「冊」と数える以外に「部」とも数えます

書籍は１部、２部…と数えることから「一部」とは、「部分」というだけでなく、一冊まるごとという意味があります。「一部始終」は一部の最初から最後まで、「一冊まるごと＝すべて）ということになります。

1-4

カタカナの誕生②

天皇の言葉を書くために発展

話し言葉をすべてひらがなやカタカナで書くと、とても長くなってしまいます。漢字とあわせて書くことによって読みやすくなると同時に、書きやすくもなります。

このように**日本語は漢字と仮名を交えて書くという方法が適している、ということは、実はすでに『古事記』にも書かれていることなのです。**

またカタカナは古くは「豆文字」と呼ばれていました。東大寺正倉院所蔵の『成実論《じょうじつろん》』（九五一年）に書かれている「ト」「モ」などは、漢字に比べ小さな文字で書かれています。これは奈良・平安時代、朝賀《ちょうが》や即位・贈位《ぞうい》の宣布《せんぷ》や祝詞《のりと》など、天皇が口頭で述べられたことがそのまま記される際、大きな字と小さな字で書かれていたことに由来します。

天皇の意志を伝える公文書は漢文で書かれていましたが、このように文字に大小があるものは「宣命《せんみょう》書《がき》」といいます。「テニヲハ」など、日本語の部分を小さな字で書くという決まりがあったのです。小さく書くために画数の多い複雑な漢字を省略する必要があったことから、漢字の解体が始まりました。

すでに中国でも漢字を略すことが行われていました。略した漢字として面白いのはたとえば「菩薩《ぼさつ》」を「卄」と草かんむりで書いたりしたものがあります。あるいは「学」を「斈」としたもの、「音」を「亠」としたものがあります。わが国でもこうした漢字の簡略化をまねて、カタカナの原型が創られたのです。

豆のような小さく書くために字を略したものは、カタカナを生み出す大きな要因となったのでした。

カタカナ  豆文字

成実論

ここで書かれている「ト」や「モ」などは漢字と比べてみると小さな文字で書かれています。

朝賀 ‖ 即位 ‖ 贈位 ‖ 宣布 ‖ 祝詞

天皇が口頭で述べられたことをそのまま記述

天皇の意思を伝える公文書において文字に大小があるものを宣命書と呼びます。

漢字の簡略化

保 → [illegible]　霊 → 灵

愛 → 㤅　傘 → 仐

ひとくち知識

昼食を食べるようになったのは明治以降です

朝と夕の間に摂る食事を「中食＝ちゅうじき」と呼んでいました。「中」を「ちゅう」と発音したため、「中」が「昼＝ちゅう」に変わり、現在の「昼食」になっています。

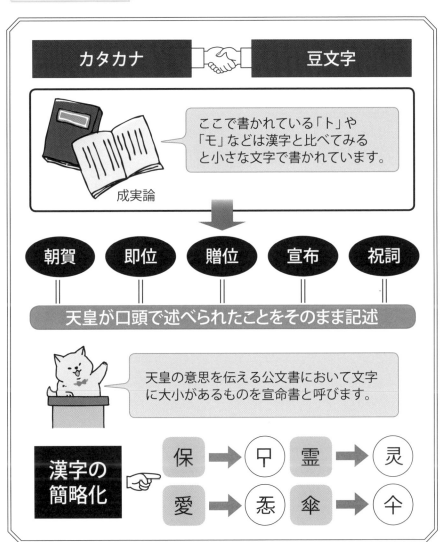

1-5 万葉仮名の誕生

日本語の発音を漢字で表現する方法

これまで紹介してきたように、**ひらがなとカタカナの誕生には、「万葉仮名」が大きく関係しています。延暦二（七八三）年に大伴家持《おおとものやかもち》によって編纂されたとされる『万葉集』に用いられた表記方法です。**

万葉仮名は日本語の発音に漢字を当てて「あ」という発音には「安」、「い」は「以」、「う」は「宇」といったように、すべて漢字で書いていました。この方法は、音を借りると書いて「借音《しゃくおん》」といいます。また、『万葉集』には漢字の日本語読み＝訓を、日本語の音節に当てる方法も用いられています。「なつかし」を「夏樫」、「杜若《かきつばた》」を「垣津旗《かきつばた》」というように表記されたものを「借訓《しゃっくん》」と言います。

さらに借訓の中には「し」を「重二」、「くく」を「八十一」と書く「戯書《ぎしょ》」というものがあります。それぞれ「二」を「重」ねるので「四」、掛け算の「九九＝八十一」からきています。では、「山上復有山者」はなんと読むかわかりますか？ 山の上にもうひとつ山を書くと「出」という漢字になることから「出《い》でば」と読みます。まるでなぞなぞのようですね。戯《たわむ》れに書く、と名づけられた意味がよくわかります。

もうひとつ重要なことは、万葉仮名の時代と現代人の発音はかなり違っていたということです。私たちが発音している「は」は、奈良時代には「パ（pa）」と発音されていました。ですから笑い話のようですが「母」は「パパ」だったのです。「ズルズル」は「ディウルディウル」、「ヅルヅル」は「ヅィュルヅィュル」というように発音が違っていました。万葉仮名は細かい音の違いも表現できる文字だったのです。

ひらがなの成り立ち

安 → あ
以 → い
宇 → う
衣 → え
於 → お

借字

なつかし → 夏樫《なつかし》
杜若《かきつばた》 → 垣《かき》津《つ》旗《ばた》

万葉仮名 ＝ × ＝ **現代文**

↓

発音が異なっていました

奈良時代に「は」は「pa」と発音していました。
「母」の読み方は「パパ」だったのです。

ひとくち知識

チャラ男はいいかげんな男って意味かな？

「チャラ」は江戸期に流行った俗語（江戸言葉）で「いいかげん」「デタラメ」という意味です。同じ江戸語で「ちゃらぽこ」という言葉があります。これはウソをつく人という意味です。

1-6 五十音図といろはにほへと

いろはにほへとは日本の情緒

現在のような五十音図にほぼ近いものを完成させたのは、平安後期の天台宗の僧・明覚《みょうがく》（一〇五六～没年不詳）でした。それ以前、一〇二八年頃に書かれたとされる醍醐寺所蔵の『孔雀経音義《くじゃくきょうおんぎ》』に書き込まれたものがありましたが、まだ断片的なものでした。

最初に、唐の智広《ちこう》という僧がサンスクリットと漢字の発音を比較した『悉曇字記《しったんじき》』を著します。漢字で表せない音をアルファベットで表記するという悉曇学《しったんがく》は、非常に重要な研究でした。**空海によって日本にもたらされ、その後、比叡山では安然《あんねん》が八八〇年に『悉曇蔵《しったんぞう》』『悉曇十二例』などの著書で、日本語もサンスクリットで表記することが可能であることを明らかにします。**

安然の後継者が明覚でした。『反音《はんおん》作法』という書物の中で、五十音図を示します。並び順は現在のものと異なりますが、「アイウエオ」という母音の並び方は同じです。

五十音図はカタカナで書かれていました。五十音図をひらがなで表現したのは、明治時代に作られた大槻文彦《おおつきふみひこ》の『言海《げんかい》』という辞書からです。

ひらがなは「いろは歌」で表されます。

五十音図がカタカナで書かれたのは発音のシステムを表現するためのもので、「いろは歌」は日本語の情緒を支える役割だったからでした。和歌はカタカナで書かれることはなく、漢語はカタカナと対応することから女性は習いませんでした。

ですから和歌は和語で書かれ、その和語は優雅な丸みを帯びたひらがなで書かれるものでした。

『反音作法』という書物に書かれていた五十音図

その当時の「ハ・ヒ・フ・ヘ・ホ」の発音は「ファ・フィ・フゥ・フェ・フォ」でした。

ひらがなはカタカナと異なり「いろは歌」で表されました

五十音図がカタカナで表現された理由は、発音のシステムを表現するためのものだったのです。アイウエオの母音の並び順は現在と同じです。

ひとくち知識

「官能」は本来はエロチックな言葉でない！

「官能」という言葉は北原白秋が『邪宗門』で「性的享楽」という意味合いで使用したのがきっかけです。エロチックな意味で使われてますが、本来は「動物の感覚器官の能力」という意味でした。

日本語の面白さを知る②

濡れ手であわの「あわ」は「泡」ではありません

日本語には様々な諺《ことわざ》や慣用句があります。まさに言い得て妙、というものが多いことに、あらためて驚くのではないでしょうか。

しかし、言葉で聞いてわかったつもりになっていても、いざ書こうとすると勘違いしていることもまた、多いのです。

「濡れ手であわ」という慣用句もそのひとつです。**濡《ぬ》れた手で泡を掴《つか》もうとしても、消えてしまうことから、いくら努力しても実らない、という意味ではありません。**「濡れ手にあわ」は「泡」ではなく「粟」が正しいのです。粟はイネ科の一年草で五穀のひとつに数えられることがある穀物です。

濡れた手で粟をつかむと、手に粟粒がたくさんつくことから、苦労しなくても多くの利益を得ることを表現した言葉です。

同じように**「まごにも衣装」の「まご」は、「孫」ではなく「馬子」です。**「孫はどんな衣装を着ても可愛い」という意味ではなく、ちゃんとしている衣装を身につければ、誰でも立派に見えることを表す言葉です。また「馬子」は馬の子ではなく、荷

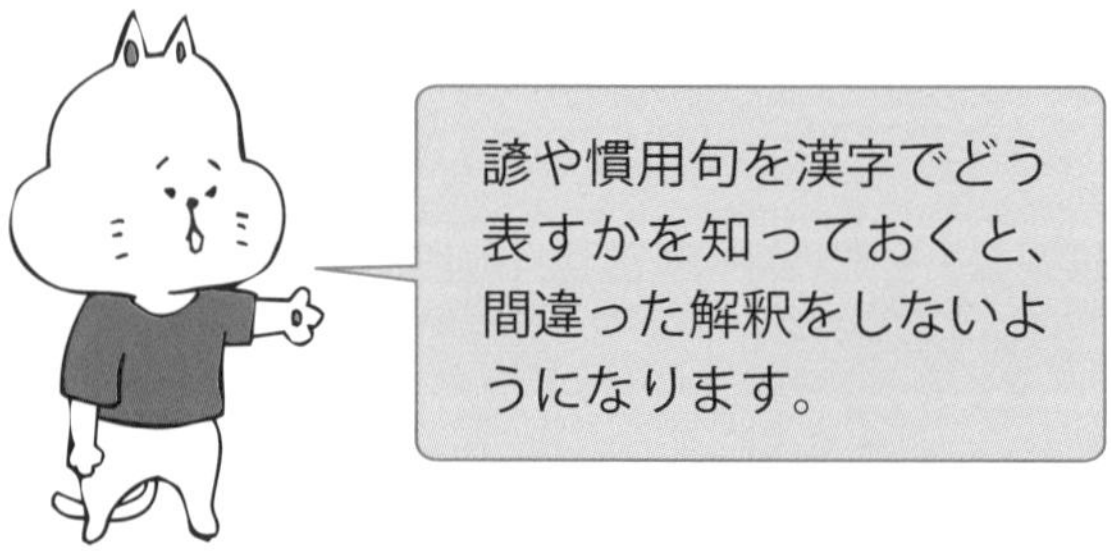
諺や慣用句を漢字でどう表すかを知っておくと、間違った解釈をしないようになります。

物や人を運ぶ馬を引くことを職業とする人のことです。古くから存在しましたが、商品流通が活発になった室町時代には職業として確立され、各地で商品の運搬をしました。江戸時代になると、馬子の数もさらに増えますが、今では消えてしまった職業です。

もうひとつ、書き間違いが多い諺に「袖振り合うもたしょうの縁」があります。**「振り合う」は「触《ふ》り合う」とも書き「すり合う」とも言いますが、「多少」ではなく、「多生」の縁です。**「多生」は仏語で、何度も生まれ変わることで「他生の縁」と書いても間違いではありません。知らない人と道で袖が触れ合うようなちょっとしたできごとも、前世からの深い因縁であるという意味です。

このように聞いただけではどんな漢字で書くのかわからないものも、意味を知れば書き間違えることはなくなります。

濡れ手であわ

○粟

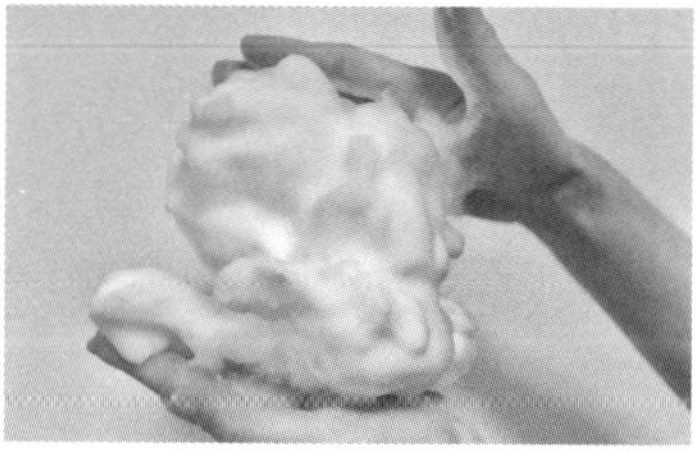

×泡

濡れた手で粟の実をつかむと手にたくさん実がつくことから、苦労しなくても利益を得られるという意味なのです。

言葉で聞くだけでは間違った解釈をしてしまう慣用句でも、正しい漢字を使って書くことができると自然と意味も理解できます。

Column ②

「足」と「脚」にはどんな違いがあるの？

人間の体の呼称には、同音異字が数多くあります。たとえば**「足」はひざから下、または足首から下で、「脚」は腿《もも》から下を指します。**

「足手まとい」「逃げ足が早い」「客足が落ちた」など人に対する表現には「足」、「雨脚が強くなる」「船脚が速い」など、人以外には「脚」が使われます。

「くび」にも「首」と「頸」があります。「首」は本来、「首をとる・首をはねる」などというように、頭も含んでいます。「手首・足首」は元来、「手頸・足頸」で、つなぎ目の部分を表しています。また、「項《うなじ》」に対する首の前面を「頸」ともいいます。

「会社をクビになる」のクビは「馘」と表し、首を切る、または切ったクビを意味します。

鼻の穴も「鼻口」「鼻孔」「鼻腔」の３種類あります。「鼻口」は見たとおり鼻と口のことを指しますが、鼻の穴という意味もあります。ただしこれは鼻の穴の入り口付近のことです。鼻の穴全体は「鼻孔」です。さらにその内腔を「鼻腔」といいます。

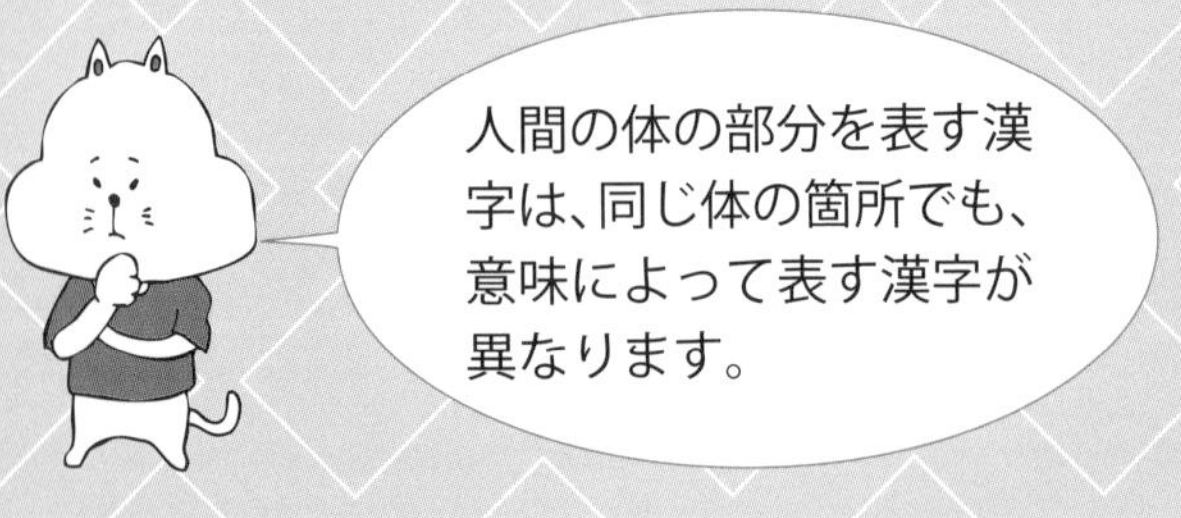
人間の体の部分を表す漢字は、同じ体の箇所でも、意味によって表す漢字が異なります。

第2章

漢字のルーツ

2-1

漢字はいつ日本に伝来したのか

文字をもたなかった日本人

漢字は中国から伝来したものですが、実際にはどのような過程を経て日本に入り、そして発展していったのでしょうか。

黄河流域に花開いた中国文明は、アジアに広がっていきました。西はチベット、南はベトナムにまでおよび、さらに朝鮮半島を経て海を渡って日本にも伝わったのです。

伝えられた文明の中にはもちろん漢字が含まれていました。**漢字伝来の正確な時期は明らかではありませんが、ちょうど弥生時代の中頃、一世紀頃には漢字と接触していたと推測されています。**

それは一七八四年、福岡県志賀島《しかのしま》の田から後漢の光武帝《こうぶてい》（在位二五～五七年）から与えられた「漢委奴国王《かんのわのなのこくおう》」という五文字が印刻された金印が見つかったことと、長崎県のシゲノダン遺跡などの弥生遺跡から新の王莽《おうもう》（在位八～二三年）が鋳造させた「貨泉《かせん》」の二字が見える中国の銅銭が見つかったことを根拠としています。弥生時代までには、渡来人などが漢字を伝えていたと考えられています。漢字が伝来する前、日本人は文字をもっていませんでした。

平安時代初め八〇七年に書かれた『古語拾遺《こごしゅうい》』（斎部広成《いんべのひろなり》）には「上古の世未だ文字あらず」と記されています。また中国の正史『隋書』の「倭国伝」にも、「文字なし、ただ木を刻み縄を結ぶのみ。仏教を敬す。百済《くだら》において仏教を求得し、始めて文字あり」と著されています。**日本は文字を必要としたとき、自分たちで創り出すのではなく、中国の漢字を借り入れたのでした。**

漢字が日本に伝わった正確な時期は明確ではありませんが、紀元１世紀の弥生時代には接触があり、５世紀までには渡来人が漢字を伝えたと考えられます。

中国文化の拡大

黄河流域に花開いた中国文明 ▶ 西はチベット、南はベトナムまで拡大 ▶ 朝鮮半島を経て海を渡って日本にも伝来

●漢委奴国王印

日本で出土した純金製の王印（金印）で、1784年4月12日（天明4年2月23日）、筑前国那珂郡志賀島村（現福岡県福岡市東区志賀島）から出土しました。

ひとくち知識

漢字を創った人物はいったい誰なの？

中国古代の５人の聖君である「五帝」の筆頭に挙げられている伝説上の帝王である黄帝の史官（記録や文書を作成する役人）であった蒼頡《そうけつ》が漢字を創ったといわれています。

2-2 漢字が日本で用いられるようになるまで

漢字は模様として扱われていた

　漢字が日本に伝来してから、実際に使われるようになるまで、当然ですが、さらに時間がかかっています。**漢字を文字と認識していたのは一部の人だけで、金印や貨幣に刻まれていた漢字は文字としてではなく、模様と見られていました。**それを裏づけるのが、新の王莽《おうもう》の時代に作られた王莽鏡という十二支を刻んだ鏡をまねて、日本で四〜五世紀にかけて作られた「方角四神鏡《ほうかくししんきょう》」です。奈良県で出土されたこの鏡には十二支の順番が違っていたり、同じ字が重複して刻まれていたり、くずして読めなくなった字もあります。

　また、「方角四神鏡」と同じ頃に作られた「三神三《さんしんさん》獣鏡《じゅうきょう》」の銘文にも、原型と見られるものに誤りがないのに、漢字が左右逆になっていたり、順番が違っていたりするのです。

　このふたつの鏡が意味するのは、その当時、一般の人には漢字は文字として認識されていなかったということでしょう。

　四世紀頃には百済から日本に漢字と漢文が伝えられたという証拠のひとつに、**奈良県の石上《いそのかみ》神宮に収蔵されている「七支刀《しちしとう》」があります。**全長約75センチメートルの鉄製の両刃の剣で、表と裏に金象嵌《ぞうがん》で六十一文字の銘文が刻まれています。これはいわゆる金字です。

　四世紀後半に百済で作られ、日本の朝廷に献上されたものとされますが、**日本に現存する最古の文字史料のひとつで、この頃には漢字が確かに伝わっていたという証拠になっています。**

現存する最古の文字資料

漢字の伝来から実際に使われるようになるまでには、模様と見られていた時期もあるなど長い時間がかかっていますが、七支刀の発見により４世紀後半には伝わっていたとされます。

七支刀（しちしとう・ななつさやのたち）
朝鮮半島と日本との関係を記す現存最古の文字資料であり、４世紀の倭に関する貴重な資料。大王家に仕えた古代の豪族・物部氏の武器庫であったとされる奈良県天理市の石上神宮に六叉《ろくさ》の鉾《ほこ》として伝えられてきた鉄剣。全長 74.8cm。

七支刀の銘文
裏表に合わせて61文字からなる銘文が金象嵌でほどこされていますが、さびによる腐食により読み取れない字もあります。

表 泰■四年十■月十六日丙午正陽造百錬■七支刀■辟百兵宜供供侯王■■■■作

裏 先世以来未有此刀百済■世■奇生聖音故爲倭王旨造■■■世

※■は読み取り不能

ひとくち知識

漢字のルーツは鳥獣の足跡だった？

皇帝の史官であった蒼頡《そうけつ》は、鳥獣の足跡を見て、その文様によってそれぞれ何の足跡か区別できることを知りそこから文字を創り上げたといわれています。

2-3 『古事記』『日本書紀』に使われた漢字

「論語」「千字文」と漢字の伝来

『古事記』（七一二年）と『日本書紀』（七二〇年）にも、漢字伝来に触れているところがあります。

『古事記』には伝えられた書名、『日本書紀』には年代が記されていて、両方を合わせると、西暦二八五年、百済の王仁《わに》によって『論語』十巻と『千字文《せんじもん》』一巻が伝えられた、ということになります。

しかし、両書の成り立ちから、これらは明らかな伝説であって事実ではありません。

『千字文』というのは五〇〇年頃の梁の時代、武帝が周興嗣《しゅうこうし》に命じて千の漢字を使って四字二五〇句を作らせたというものなのです。

ではなぜこのふたつの書物が挙げられているのでしょうか。

孔子の言行録である『論語』は、紀元前一世紀頃から儒教が国教とされて、中国の国家や政治体制は儒教に基づいて行われてきました。

『論語』は国家としてのシステムとして規範となっている儒教を理解するために、東アジア全体に広がっていったのです。

また『千字文』には「天地玄黄　宇宙洪荒　日月盈昃　辰宿列張…（天は黒く地は黄色、宇宙は広大、日月は満ちて西に傾き、星座は列なり張り巡らされる…）」という始まりで、千字二五〇句が収められています。長い間漢字を学ぶ教科書として使われてきました。

このふたつの書は漢字を覚えることと、生きる規範を身につけることを、象徴させたとも考えられます。

漢字の伝来

古事記（712年）　　日本書紀（720年）

西暦285年百済の王仁によって『論語』10巻と『千字文』1巻が伝えられたことになります。

千字文

1000字の漢字を使って4字250句から成り立っています。

天地玄黄　宇宙洪荒（天は黒く黄色、宇宙は広大）日月盈昃　辰宿列張（日月は満ちて西に傾き、星座は列なり張り巡らされる……）寒來暑往　秋收冬藏……と続きます。

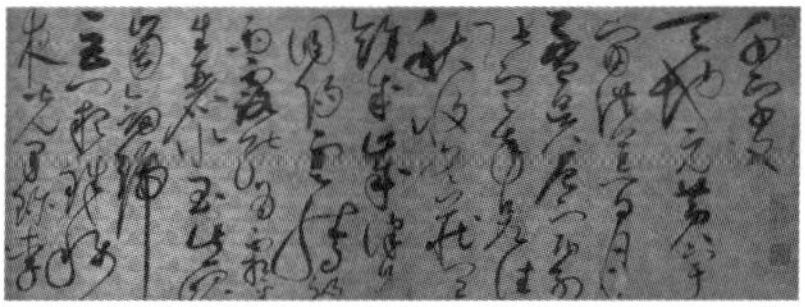

▲草書千字文

すべて異なった文字から構成され１字も重複していません！

ひとくち知識

最古の漢字は「甲骨文字」と呼ばれていた

現在残っている最も古い漢字の文献は「甲骨《こうこつ》文字」と呼ばれるものです。実在が確認されている最古の王朝である殷《いん》王朝時代の晩期（紀元前1300～1000年頃）に使われていました。

2-4 日本で漢字が使われるようになった時期

外交文書は記録文書と漢字

日本で実際に漢字が使用されるようになった時期はいつ頃からなのでしょうか。

『魏志倭人伝』によると、二四〇年に魏の斉王《さいおう》からの贈り物に対して、倭王が上表文《じょうひょうぶん》（君主に奉った文書）を送ったという記述があります。

しかし二四〇年では時期が早すぎることと、これが日本で書かれた上表文ではなく、朝鮮の官史による代筆の可能性もあることから、あまり信憑性はありません。

『論語』と『千字文』が伝えられたとされる時代に在位したのは応神天皇ですが、天皇の皇子菟道稚《うじのわきい》郎子《らっこ》は、百済から来朝した王仁と阿直岐《あちき》に師事して、数年で漢文に精通したと伝えられている人物です。

『日本書記』の応神天皇の応神二八（三六〇）年秋、九月頃には、高麗王から差し出された上表文に「高麗王が日本に教える」という一節があり、これに対して菟道稚郎子は礼を失していると怒って、この文書を破棄して高麗に抗議したと記されています。

菟道稚郎子のエピソードからもわかるように、この頃には渡来人の史《ふひと》（文書・記録をつかさどって奉仕した官人集団）と並んで、日本人でも漢文に通じていた人がいたことがわかります。

さらに『日本書記』の四〇三年の条には「秋八月の辛卯《しんぼう》の戊戌《ぼじゅつ》（八日）に、初めて諸国に記録管を置き、伝承や事象を記述させ、国内の情勢を報告させた」という記述があることから、**政治の場では、漢字による文書が徐々に一般化しつつあったことがうかがえます。**

日本で漢字が使用されるようになった時期

魏志倭人伝によると、240年に魏の斉王からの贈り物に対して、倭王が上表文を送ったという記述が残っています。

朝鮮の官吏の代筆の可能性もあるという説もあります

魏志倭人伝の記述

240（正始元）年、太守の弓遵《きゅうじゅん》は、建中校尉梯儁《ていしゅん》らを遣わし、詔書・印綬を奉じて倭国に行き、倭王に拝謁して魏の斉王の詔をもたらし、黄金と絹帛、刀、鏡、色模様をつけた品物である采物を賜った。倭王は、使に因って上表文をたてまつり、斉王の詔恩を答謝した。

政治の場では漢字を使った文書が一般化するようになりました

菟道稚郎子（うじのわきいらつこ）

生年不詳〜312年。応神天皇の息子で母は日触使主《ひふれのおみ》の女・宮《みや》主宅媛《なしやかひめ》。応神天皇の寵愛を受け、309年皇太子となる。翌年に天皇が崩じるが即位せず、異母兄弟の大鷦鷯尊《おおさざきのみこと》と互いに皇位を譲り合ったが、異母兄の大山守皇子が自らが太子に立てなかったことを恨み、菟道稚郎子を殺そうと挙兵する。大鷦鷯尊はこれを察し、大山守皇子を誅殺。この後、大鷦鷯尊と皇位を譲り合うが、長い空位が天下の煩いになると思い悩んだ菟道稚郎子は大鷦鷯尊に皇位を譲るべく自殺したという美談が伝わっています。

ひとくち知識

「バカ」は摩訶不思議という言葉がルーツ

「バカ」はもともとはサンスクリット語からきています。愚かなを意味する「マハラ」を「摩訶不思議」と漢訳したうちの「摩訶」を漢音読みにした言葉です。

2-5 誰が日本に漢字を伝えたのか

漢字は日本人にとっては外来語

漢字が日本に伝来し、実際に使われるようになるには中国や朝鮮半島から来日した、多数の渡来人の功績がありました。

前出の菟道稚郎子に漢文を教えた王仁と阿直岐などのように、渡来人たちが日本人に漢字と漢文を教授したのです。

漢字は日本人にとっては外国の文字でした。中国音で音読される中国語の文章である漢文を理解し、漢文をつづるようになるには、音も意味も日本語とはまったく結びつかないものだったのですから、かなりの苦労があったと思われます。

漢字を使うことができるのは、文字を書くことができる史と呼ばれる渡来人だけでした。

そして渡来人によって、漢文を音読する際に読み方としてもたらされたのが、現在の上海周辺にあたる「呉《ご》」という地方の発音でした。これを「呉音《ごおん》」と呼びます。

漢字は文字をもたなかった日本、朝鮮、ベトナムに取り入れられましたが、そのとき、それぞれの国特有の漢字音である「外国漢字音」が生まれました。

これがそれぞれ、「国字」「朝鮮漢字」「越南《べとなむ》字」と呼ばれるものです。

日本漢字音には「呉音」と「漢音《かんおん》」というふたつの体系がありますが、渡来人たちには「呉音」を伝え、これが日本の漢字の最も古い基盤となっています。

たとえば「経」を「キャウ」、「行」を「ギャウ」と音読みするものなどが呉音の読み方です。漢音はそれぞれ「ケイ」「ケイ（コウ）」と読みます。

呉音と漢音

呉音と漢音で相違点が多いのは、六朝期の南方音と、唐代の長安音との間の音韻の変遷を反映しているからです。その一例が下記となります。

●呉音ワ行—漢音カ行

	呉音	漢音
禾	ワ	クヮ
和	ワ	クヮ
皇	ワ	クヮウ
横	ワ	クヮウ
画	ヱ	クヮイ
回	ヱ	クヮイ
話	ヱ(ワ)	クヮイ
会	ヱ	クヮイ
恵	ヱ	ケイ
慧	ヱ	ケイ

●呉音ナ行—漢音ダ行

	呉音	漢音
那	ナ	ダ
内	ナイ	ダイ
耐	ナイ	ダイ
納	ナフ	ダフ
脳	ナウ	ダウ
男	ナン	ダン
南	ナン	ダン
難	ナン	ダン
暖	ナン	ダン
年	ネン	デン
念	ネン	デン
奴	ヌ	ド
脳	ノウ	ドウ

●呉音ナ行—漢音ザ行

	呉音	漢音
二	ニ	ジ
爾	ニ	ジ
日	ニチ	ジツ
辱	ニク	ジョク
若	ニャク	ジャク
弱	ニャク	ジャク
叙	ニョ	ジョ
入	ニフ	ジフ
人	ニン	ジン
任	ニン	ジン
然	ネン	ゼン

●呉音マ行—漢音パ行

	呉音	漢音
米	マイ	ベイ
幕	マク	バク
末	マツ	バツ
万	マン	バン
味	ミ	ビ
美	ミ	ビ
無	ム	ブ
馬	メ	バ
母	モ	ボウ
木	モク	ボク
目	モク	ボク
文	モン	ブン

ひとくち知識

日常生活に浸透している言葉を創った夏目漱石

夏目漱石は数多くの造語を創り出したといわれています。「無意識」「価値」「電力」「肩が凝る」「経済」「生活難」「世界観」「自由行動」「正当防衛」などが挙げられます。

2-6 漢字の拡大と学者&僧侶の誕生

どのように識字層は増えたのか

中国で統一王朝・隋《ずい》（五八一〜六一六年）が誕生すると、歴史書や仏教の経典、天文や暦法などの専門書、漢方医学の書など多くの書物がもたらされました。それまで漢字は物品の名前や数量、人名や地名を書きとめていた程度でしたが、この頃、大量の漢語と漢籍（漢字で書かれた書籍）が入ってきたのです。そして渡来人の史と並んで、日本人の上層階級にも漢字に通じる人が出てきました。

　儒教の仁や礼、仏教の慈悲や極楽浄土などの概念や、漢方医学での臓器の名前、暦法での星の名前など、体系として学習することが必要になったことから、あらたに「学者」と「僧侶」という集団が誕生したのです。また、大和朝廷では聖徳太子が六〇七年に小野妹子を隋に派遣しました。翌年帰国すると妹子はまた、留学生高向玄理《たかむこのげんり》、のちに大化の改新の中大兄皇子や藤原鎌足の師となった南淵請安《みなぶちのしょうあん》、僧旻《びん》を連れて再び隋を訪問します。これは、聖徳太子が仏教の教義を吸収し、仏教文化を取り入れることを目的としたものでした。

　南淵請安や僧旻などが隋から帰朝すると、彼らから学ぼうとする人々が、門下に集まったといいます。仏教の高僧が門下に学問僧を集めたり、儒教者が大学の教官となって学生を教育するといったシステムが準備されていったのです。

　このようにして漢字と漢文学という高い教養は徐々に広まっていきました。その後も、**遣隋使や遣唐使の派遣が回を重ねるにしたがって、漢字は次第に一般化していったのです。**

漢字の拡大と遣隋使

6世紀に中国から多くの漢籍がもたらされると、それらを学習する僧侶や学者が誕生します。また、隋から帰朝した人々の門下に集まった者たちによって漢字が広まっていきました。

遣隋使とは

推古朝の倭国が隋に派遣した朝貢使のことで600〜618（推古天皇8〜26）年の18年間に5回以上派遣されています。大阪の住吉大社近くの住吉津から出発し、大阪湾、難波津を経て瀬戸内海を九州へ向かい玄界灘へというコースをたどりました。遣隋使の主な目的は、東アジアの中心国・先進国である隋の文化の摂取でしたが、朝鮮半島での影響力維持の意図もありました。この外交方針は次の遣唐使の派遣にも引き継がれました。

「日本」という名称は遣唐使のときから使用されました

遣隋使

仏教文化の吸収

↓

隋から戻ってきた学者や僧侶のもとに人々が集まる

↓

漢字や漢文学という高い教養が広まっていく

遣隋使や遣唐使が回を重ねることにより徐々に日本に漢字が一般化していくようになりました。

ひとくち知識

商売に関係する言葉には漢語が多い

「得をする」「損をする」「役に立つ」「用がある」「利が少ない」など、商売や交易の場で使われる言葉は漢語が多いものです。「景気」という言葉もそれにあたります。

日本語の面白さを知る③

カエルの子はカエルというのは失礼な表現

慣用句や諺《ことわざ》にはまた、本来の意味を取り違えて使ってしまっているものがあります。場合によっては褒《ほ》めているつもりでも、逆に失礼になっているものもあります。

ピッチャーとして甲子園に出場が決まった息子さんをもつ上司に、「課長も高校時代、野球部で活躍なさったそうですね。親子揃って野球センスがいいんですね。まさにカエルの子はカエルですね」と言ったところ怪訝《けげん》な顔をされた、という話があります。**「カエルの子はカエル」という諺は「子どもは親のたどった道を歩むもの」「凡人の子は凡人にしかなれないもの」という意味です。**カエルの子はおたまじゃくしだけれど、成長してカエルになっても、カエル以上のものにはなれない、というところから来ている諺なので、子どもの性質や才能は親に似るもので、親以上にはなれない、ということになります。「瓜《うり》のつるになすびはならない」「鳶《とんび》の子は鷹にならず」と同じ意味なのです。「カエルの子はカエルなので、この程度で満足しないといけませんね」など、謙譲の意味から言うときに使う言葉です。

「鳶の子は鷹にならず」の反対の言葉に「鳶が鷹を生んだ」があります。平凡な親

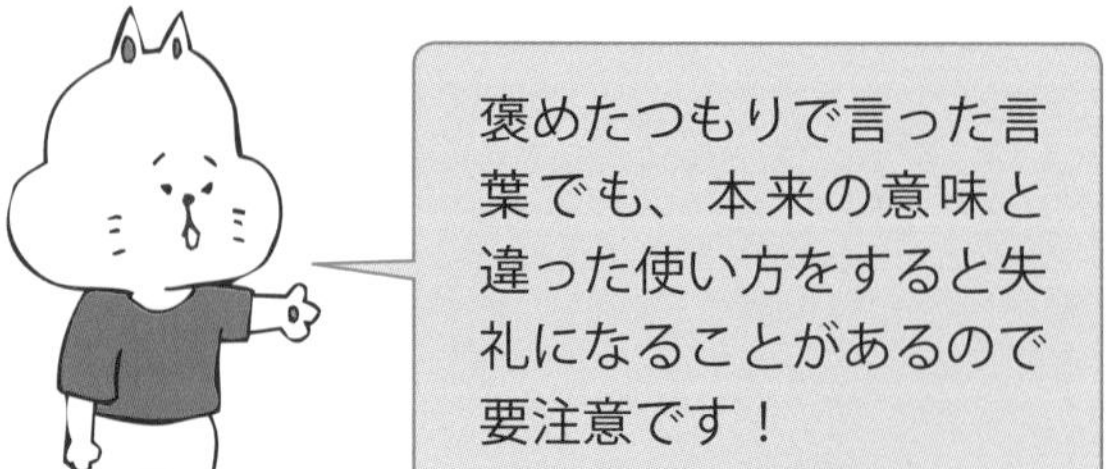
褒めたつもりで言った言葉でも、本来の意味と違った使い方をすると失礼になることがあるので要注意です！

から優秀な子どもが生まれることですが、これも親である相手に言うのは、失礼に当たりますから、相手に言うときも、自ら言うときも、ごく親しい人に限って使ったほうがいいでしょう。そうでない場合は**「この親にしてこの子ありですね」**が適切だと思います。

また、よく反対の意味にとられてしまう諺に「情けは人のためならず」があります。**本来は「人に親切にすればその相手のためになるだけでなく、やがては良い報《むく》いとなって自分に還《かえ》ってくる」という意味ですが、「親切にするのはその人のためにならない」という意味に使われてしまっています。**平成二二年度「国語に関する世論調査」（文化庁）では間違った捉え方をしている割合が45・7％という結果が出ています。

諺は、意味をしっかり理解して適切な場面で使うようにしたいものです。

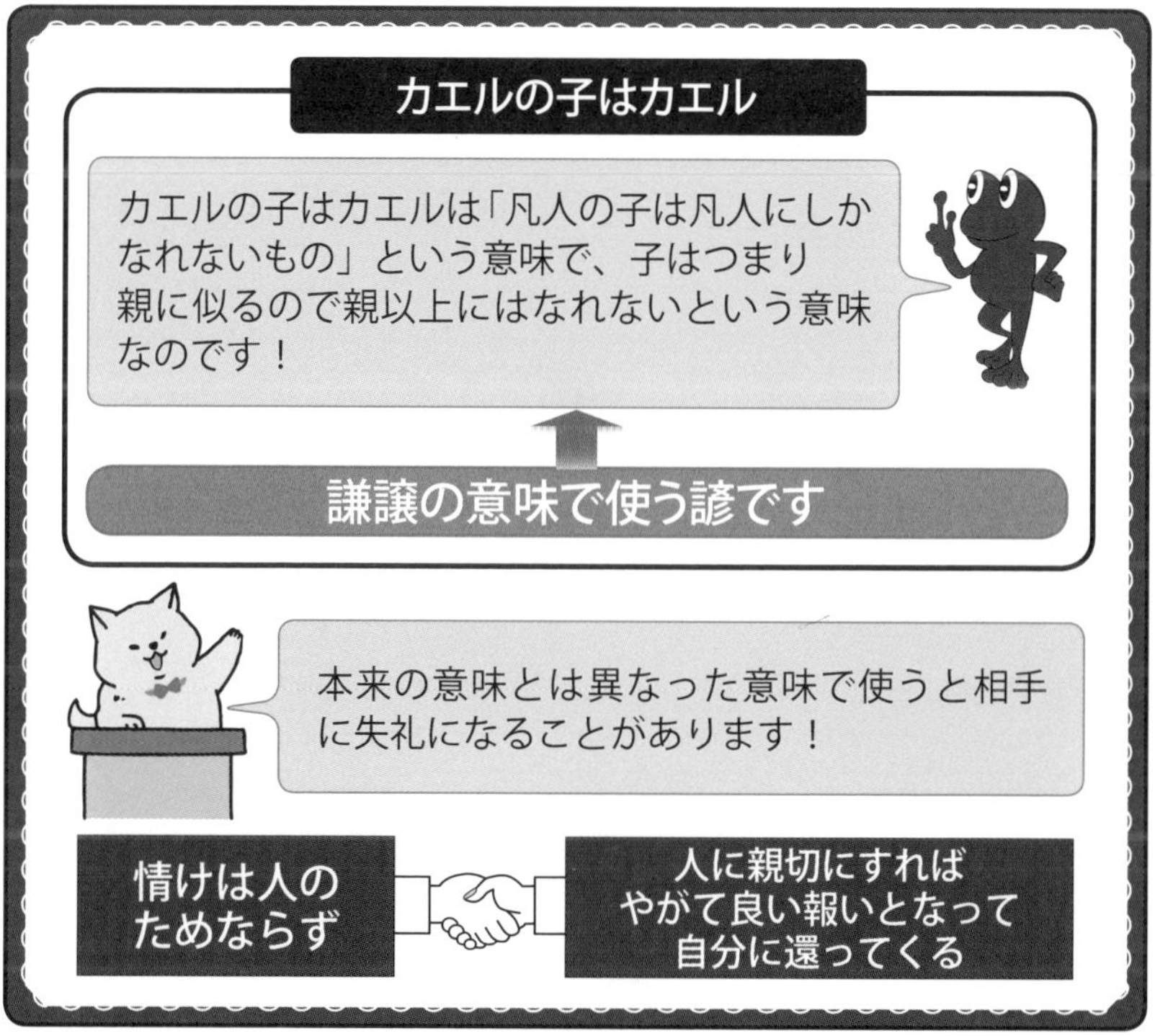

カエルの子はカエル
カエルの子はカエルは「凡人の子は凡人にしかなれないもの」という意味で、子はつまり親に似るので親以上にはなれないという意味なのです！
謙譲の意味で使う諺です
本来の意味とは異なった意味で使うと相手に失礼になることがあります！
情けは人のためならず
人に親切にすればやがて良い報いとなって自分に還ってくる

Column ③

同じ発音でも文字に表すと意味が変わる

「会う」「合う」「遭う」「逢う」「遇う」、どれも「あう」と読みます。しかし、それぞれの「あう」は意味が違います。
「会う＝人と人が対面」「合う＝物事が一致」「遭う＝悪いできごとが身に及ぶ」「逢う＝親しい人、運命的な対面」「遇う＝良いできごとが身に及ぶ」となります。日本語にはこのように、同じ発音でも漢字で書く場合、使い分けなければならない言葉がたくさんあります。「測る＝大小をはかる」「計る＝時間をはかる」「量る＝重さをはかる」「図る＝計画をはかる」もそうでしょう。

英語にも同音異義語があります。同じように聞こえても、実はまったく違った意味なのです。たとえば「meet ＝会う」と「meat ＝肉」です。文字で表せばその違いはわかりますが、発音はふたつとも同じです。誰もが知っている単語では「I ＝私」「eye ＝目」があります。「アイドル」と言えば「偶像的な」という意味があります。かわいらしいタレントを指す場合に使われますが、その場合は「ido」という単語です。同じ発音のアイドルでも「idle ＝働いていない、怠惰な」という言葉もあります。ちなみに「グラビアアイドル＝グラドル」は和製英語で、英語には存在しません。

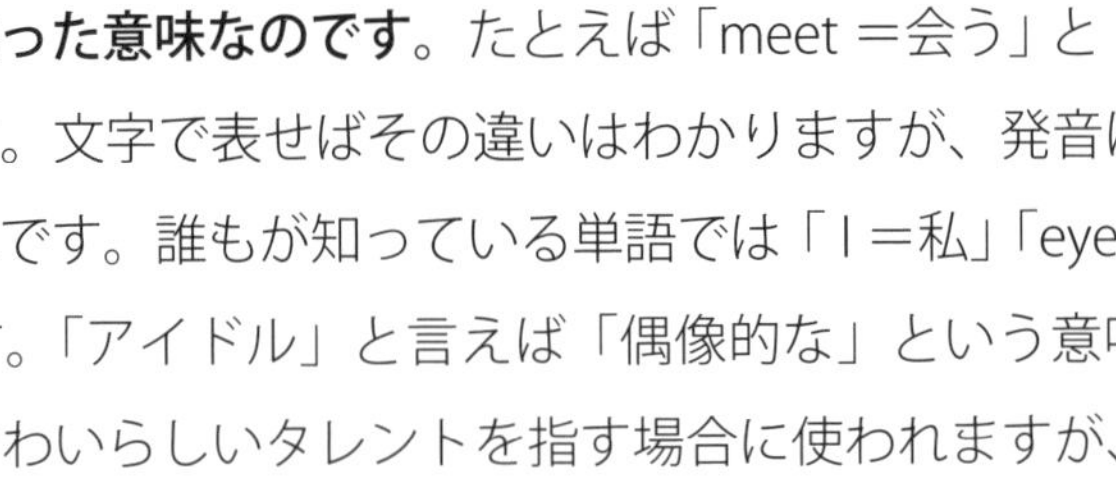
発音が同じでも、漢字で表す場合には内容によって変わる言葉が日本語にはたくさんあります。

第3章
日本の美しい言葉としきたり

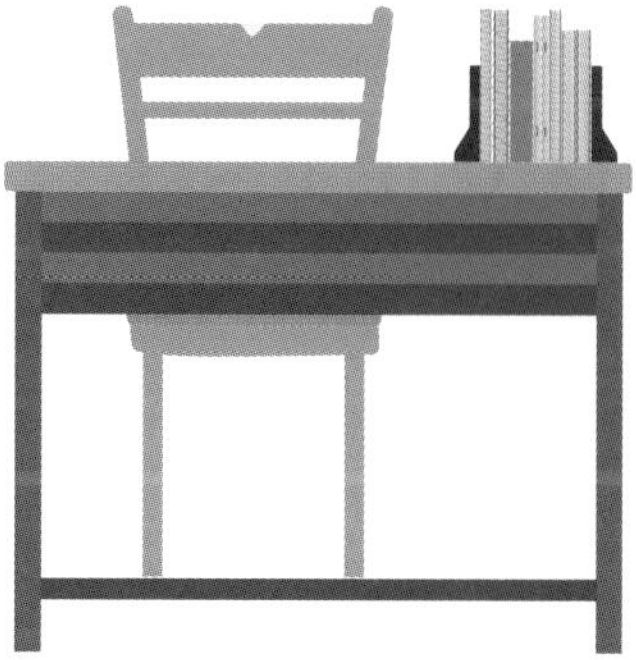

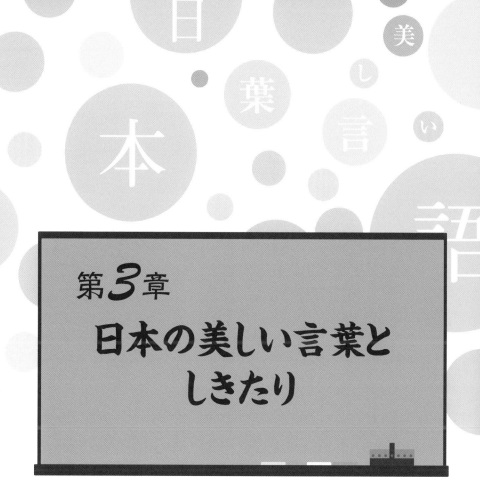

3-1 「いただきます」と「ごちそうさま」の本当の意味は？

何に対して感謝する？

食事の前には「いただきます」、食事を終えた後には「ごちそうさま」と挨拶します。ではなぜ「いただきます」「ごちそうさま」と言うのでしょうか？

まず**「いただきます」は、食べ物に対する感謝の気持ちを表しています。**「いただく」は、「もらう」の敬語で、物を受け取る側の視点で使います。もらった人がへり下って言う謙譲語「いただく」を使い、食べ物への感謝の意を強く伝えます。

私たちは日々、植物や動物など、様々な生き物の命をいただくことで、生命を維持しています。ですから、これらの命に感謝を伝えるために使う言葉になったのです。

「ごちそうさま」は、漢字で書くと「御馳走様」です。「馳」も「走」も、走るという意味の漢字ですから「馳走」は、「走り回る」「奔走《ほんそう》する」という意味になります。食事を作る人は食べる人に喜んでもらうために、あちこち走り回って食材を探します。

「御」は尊敬を表す言葉です。「お」とも読みますが、基本的に「ご」がつくのは漢語で、和語の場合は「お」をつけます（余談ですが、「返事」は漢語なので、本来は「ご返事」と言うのが正しい言い方です）。

「様」は「お疲れ様」「お互い様」「お世話様」のようにものごとを丁寧に言うときに使われます。ですから「ごちそうさま」は、食事の用意に奔走してくれた人に対する感謝の気持ちを込めた言葉なのです。

このように食べ物に対する感謝の気持ちを表すのは、日本独特のものかもしれません。「いただきます」「ごちそうさま」はとても美しい言葉なのです。

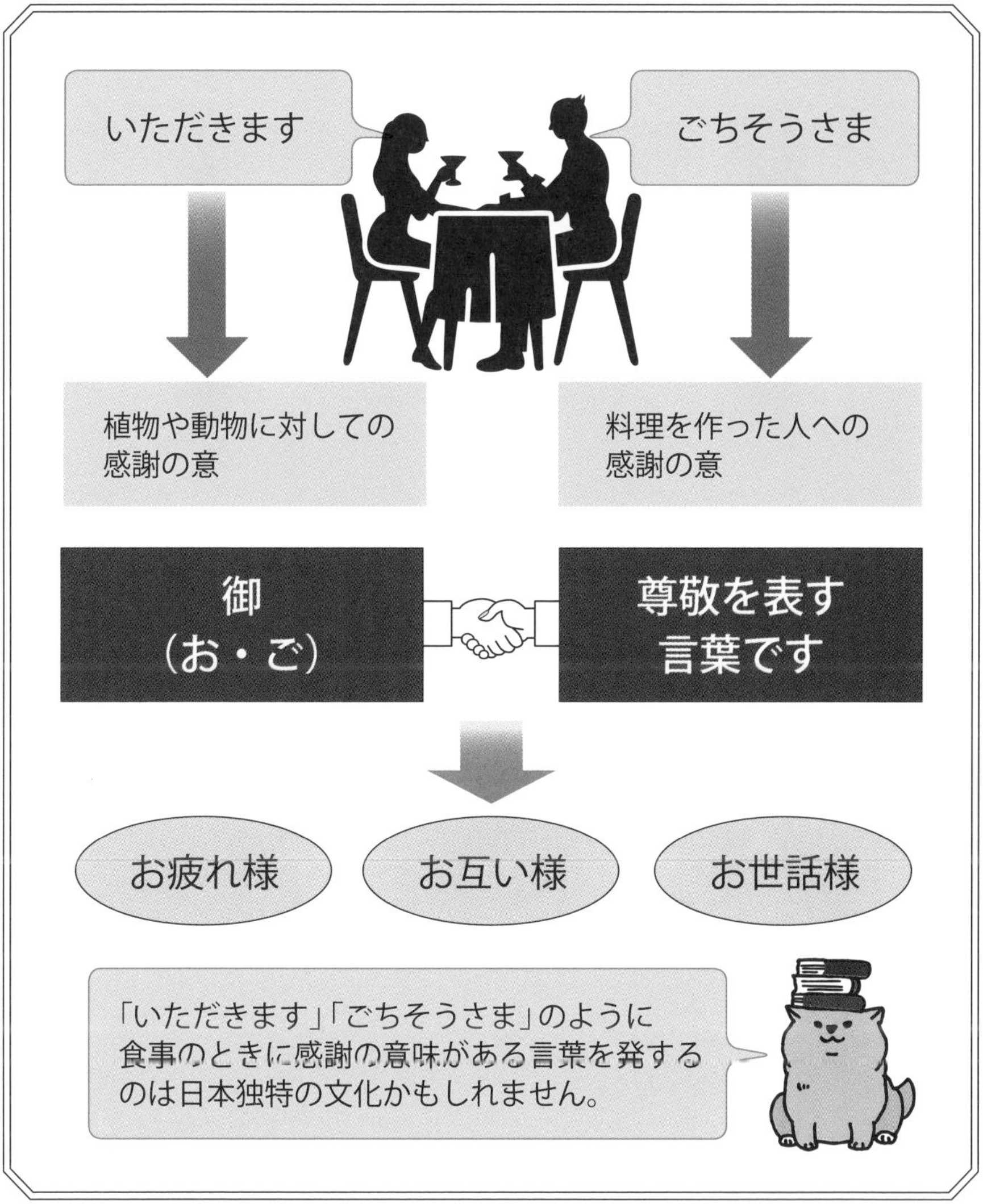
いただきます
ごちそうさま
植物や動物に対しての感謝の意
料理を作った人への感謝の意
御（お・ご）
尊敬を表す言葉です
お疲れ様
お互い様
お世話様
「いただきます」「ごちそうさま」のように食事のときに感謝の意味がある言葉を発するのは日本独特の文化かもしれません。

ひとくち知識

徐々に失われつつある言葉「もがな」

「言わずもがな」の「もがな」という言葉には「〜だったらいいな」という願望の意があります。「やらずもがな」といえば「やらなくてもいいのにな…」という意味になります。

3-2 年中行事には意味があります

日本人の美しい習慣

「年中行事」はもともと、宮中で行われる行事を忘れないように示した表のことでした。それが民間の行事や祭礼にも使われるようになった言葉です。中国では歳時《さいじ》、月令《げつれい》などと言います。日本では明治の初めに太陽暦が採用されましたが、それまでは太陰暦でした。太陰暦は月の満ち欠けを基準にして作った暦で、季節を春夏秋冬に分けました。

　季節の移り変わりを知るために太陽の動きを考える必要があったため、冬至から次の冬至までの期間を太陽の黄経によって十二等分した「中気」、中気の間を二等分した「節気」を合わせた二十四節気に分類しました。二十四節気には「立春《りっしゅん》」「雨水《うすい》」「立夏《りっか》」「夏至《げし》」「秋分《しゅうぶん》」「寒露《かんろ》」「立冬《りっとう》」「大寒《だいかん》」など、季節感があふれた美しい言葉がたくさんあります。さらに各節気をそれぞれ三つに分けた「七十二候《しちじゅうにこう》」があり、「獺祭魚（だっさいぎょ）」「鹿角解（しかのつのおつる）」「東風解凍（はるかぜこおりをとく）」「桃始笑（ももはじめてはなさく）」など、中国の故事や自然に因《ちな》んだ名前がつけられました。

　日本の暦にも採り入れられましたが、気候が一致しなかったり、動物や植物の名前が違っていたりしたので、江戸時代に日本に合わせた七十二候「本朝七十二候」が作られました。

　現在でも年の初めを祝う一月一日の「元日」、立春を迎えるために豆をまいて厄払いする二月三日の「節分」、天の川の東にある牽牛星《けんぎゅうせい》と西にある織女星《しょくじょせい》が出逢うことを祭る七月七日の「七夕」など多くの年中行事が残っています。

二十四節気

立春《りっしゅん》(2/4頃)	雨水《うすい》(2/18頃)	啓蟄《けいちつ》(3/5頃)	春分《しゅんぶん》(3/20頃)
清明《せいめい》(4/5頃)	穀雨《こくう》(4/20頃)	立夏《りっか》(5/5頃)	小満《しょうまん》(5/21頃)
芒種《ぼうしゅ》(6/5頃)	夏至《げし》(6/21頃)	小暑《しょうしょ》(7/7頃)	大暑《たいしょ》(7/23頃)
立秋《りっしゅう》(8/7頃)	処暑《しょしょ》(8/23頃)	白露《はくろ》(9/8頃)	秋分《しゅうぶん》(9/23頃)
寒露《かんろ》(10/8頃)	霜降《そうこう》(10/23頃)	立冬《りっとう》(11/7頃)	小雪《しょうせつ》(11/22頃)
大雪《たいせつ》(12/7頃)	冬至《とうじ》(12/22)	小寒《しょうかん》(1/6頃)	大寒《だいかん》(1/21頃)

さらに細分化

七十二候

獺祭魚　鹿角解　東風解凍　桃始笑

……など

※江戸時代に日本独自の本朝七十二候が作られました。日本の気候に合わせるため、たとえば中国の「獺祭魚」は日本では「土脈潤起《つちのしょううるおいおこる》」などとしています。

中国の故事や自然に因んだ名前がつけられています

もともと年中行事は宮中で行われていた行事を忘れないようにしたのが始まりで、徐々に民間の行事や祭礼にも使われるようになりました。

ひとくち知識

何気なく使っている「変」という字の意味

「5Gで世界が変わる」「夜には一気に天気が変わる」の「変わる」の「変」という漢字には、先に進むことができない、声も出ないような状態になってしまうという意味があります。

3-3 日本の暦を理解すると面白いことに気づきます

祝日の意味と行われる日

「国民の祝日に関する法律」には、「自由と平和を求めてやまない日本国民は、美しい風習を育てつつ、よりよき社会、より豊かな生活を築きあげるために、ここに国民こぞって祝い、感謝し、又は記念する日を定め、これを「国民の祝日」と名づける。」と定められています。

祝日は一年に十六日あります。二〇一九年は元号が平成から令和へと遷《うつ》ったため、天皇即位の日の五月一日と、即位礼正殿《そくいれいせいでん》の儀が行われた十月二十二日が国民の祝日扱いになりました。また天皇誕生日の祝日は、上皇陛下が天皇だった頃の十二月二十三日から、新天皇の二月二十三日になりました。

祝日には一月一日の元日、二月十一日の建国記念の日のように、毎年日にちが固定されているものもありますが、成人式を一月の第二月曜日、海の日を七月の第三月曜日、というように、毎年三連休となるように設定されているものもあります。

春分の日、秋分の日は年によって違います。太陽の通り道である「黄道《こうどう》」と、地球の赤道を天にまで延長した「天の赤道」が交わる二点をそれぞれ「春分点」「秋分点」と呼び、この交点を太陽が通過する日が春分日、秋分日なのです。春分の日、秋分の日は前年の二月一日に、「暦要項」が官報に掲載されることによって、正式決定となります。

祝日にはそれぞれ定められた理由があり、春分の日は「自然をたたえ、生物をいつくしむ。」、秋分の日は「祖先をうやまい、なくなった人々をしのぶ。」となっています。

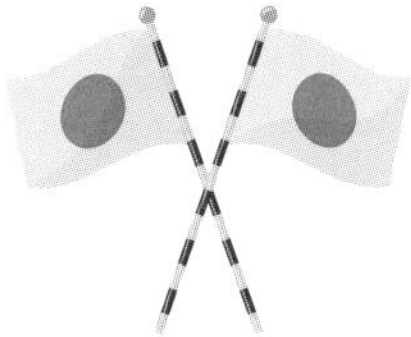

2023年

国民の休日

※はその年によって変わる

	1月1日	元日		5月5日	こどもの日
※	1月9日	成人の日	※	7月17日	海の日
	2月11日	建国記念の日	※	8月11日	山の日
	2月23日	天皇誕生日	※	9月18日	敬老の日
※	3月21日	春分の日	※	9月23日	秋分の日
	4月29日	昭和の日	※	10月9日	スポーツの日
	5月3日	憲法記念日		11月3日	文化の日
	5月4日	みどりの日		11月23日	勤労感謝の日

春分の日

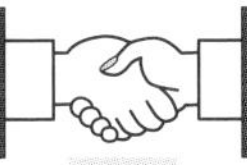

秋分の日

太陽の動きの関係で毎年日付は異なります

国民の祝日にはそれぞれ意味があります。どうして祝日になったのか、その意味を理解すると日本の伝統文化などを理解することにつながります。

ひとくち知識

「小まめ」を「小豆」と書くと「あずき」です

「小まめに働く」の「小まめ」を漢字で書くと「小忠実」となります。「小豆」と書く人がいますが、これは「あずき」です。「こまめに暮らす」とは忠実に暮らすという意味です。

3-4

年齢や結婚してからの年数には呼び名があります

年齢や年数を祝う行事を大切に

日本には子どもの成長を祝う行事が多くあります。健やかな成長を願う親の気持ちの表れでしょうか。

十一月十五日の「七五三」は、三歳の男女児の「髪置《かみおき》」、五歳の男児の「袴着《はかまぎ》」、七歳の女児の「紐落《ひもおとし》」を行ったことに由来しています。「髪置」というのはこの日から髪を剃らずに残すこと、「袴着」はこの日に初めて袴を着せる儀式であり、「紐落」はそれまで付け紐で着ていた着物を帯で締めるようにすることでした。公家や武家が行っていた祝儀が江戸の町民にも広まりました。晴れ着で神社に詣《もう》で、千歳飴を買って帰るようになったのは明治時代の東京で始まりました。

一方、長寿のお祝いもお年寄りを敬い、長生きを願う大切なものです。まず浮かぶのが「還暦」ですが、実は古来日本で行われていた長寿の祝いは七〇歳の「古稀《こき》」からでした。

六〇歳の「還暦」が祝われるようになったのは江戸時代です。十干十二支で年齢を数えると、六〇年で一巡し数え年の六一歳で最初の干支に戻ることから、還暦もしくは本卦還《ほんけがえ》りといいます。また、華甲《かこう》という呼び方もあります。「華」の字を分解すると六つの「十」と「一」になること、「甲」は甲子で最初の干支であることからそう呼びます。還暦の倍の一二〇歳を「大還暦」といいます。一五〇歳は「天寿《てんじゅ》」、到達する時代は来るのでしょうか？

また、忘れてはならないのが結婚記念日です。夫婦の関係は歳を経るほど輝きを増すものなのでしょう。**六〇年の記念日はダイヤモンド婚式と呼びます。**

七　五　三

三歳の男女児	＝	髪置が由来
五歳の男児	＝	袴着が由来
七歳の女児	＝	紐落が由来

健やかな成長を願う親の気持ちの表れです

年齢の節目のお祝い

60歳＝還暦
70歳＝古希
77歳＝喜寿《きじゅ》
80歳＝傘寿《さんじゅ》
88歳＝米寿《べいじゅ》
90歳＝卒寿《そつじゅ》

99歳＝白寿《はくじゅ》
100歳＝紀寿《きじゅ》・百寿
108歳＝茶寿《ちゃじゅ》
111歳＝皇寿《こうじゅ》
120歳＝大還暦
250歳＝天寿

夫婦の結婚記念日としては、７年＝銅婚式　25年＝銀婚式　50年＝金婚式　55年＝エメラルド婚式　60年＝ダイヤモンド婚式などがあります。

ひとくち知識

「こんこん」ではなく「こんこ」が正しいです

唱歌「雪」で「雪やこんこん　あられやこんこん～」と歌う人がいますが「こんこ」が正しい歌詞です。「こんこ」とは「ここへ来い来い、もっと降れ」という意味があります。

3-5

十二支の本当の意味を知っていますか？

ねずみはどうして「子」なのか

「十二支」は正式には「十干十二支《じっかんじゅうにし》」といいます。日本では「干支《えと》」とよく呼ばれているものです。

古代中国で生まれたものが、六世紀に日本に伝わりました。もともとは十二年で一周する木星の位置を示す数詞で、これを年暦に用いたものです。

干支の「干」は未来という意味で、甲《こう》、乙《おつ》、丙《へい》、丁《てい》、戊《ぼ》、己《き》、庚《こう》、辛《しん》、壬《じん》、癸《き》という十干があります。

「支」は枝という意味で、ご存じのように子《ねずみ》、丑《うし》、寅《とら》、卯《うさぎ》、辰《たつ》、巳《へび》、午《うま》、未《ひつじ》、申《さる》、酉《とり》、戌《いぬ》、亥《いのしし》の十二支があります。日本では十二支に動物名を当てました。これは庶民に普及させる目的から、と考えられています。ですから、「鼠、牛、虎、兎、竜、蛇、馬、羊、猿、鳥、犬、猪」という漢字を使わず、元の十二支の漢字で表しているのです。

この十干と十二支を組み合わせて、「丑《うし》の刻」などのように時刻、「辰巳《たつみ》の方角」などのように方角、「壬申《じんしん》の乱」などのように年号を表しました。

節分の恵《え》方巻《ほうまき》を食べる方向である恵方とは、陰陽道《おんみょうどう》に基づく縁起の良い方角のことですが、恵方もその年の十干によって決まります。お昼の十二時を正午、赤道と直角に交わる線を「子午線」というなど、現代に残っているものもあります。

さて、十二支にある動物にもそれぞれ意味があります。「子」の鼠は繁殖力が高く、どんどん増えていくので、子孫繁栄の象徴です。また「申」の猿は山の賢者とされ、神の使いであると信じられてきました。ですから賢者を象徴しているのです。干支にはこのように色々な意味が込められています。

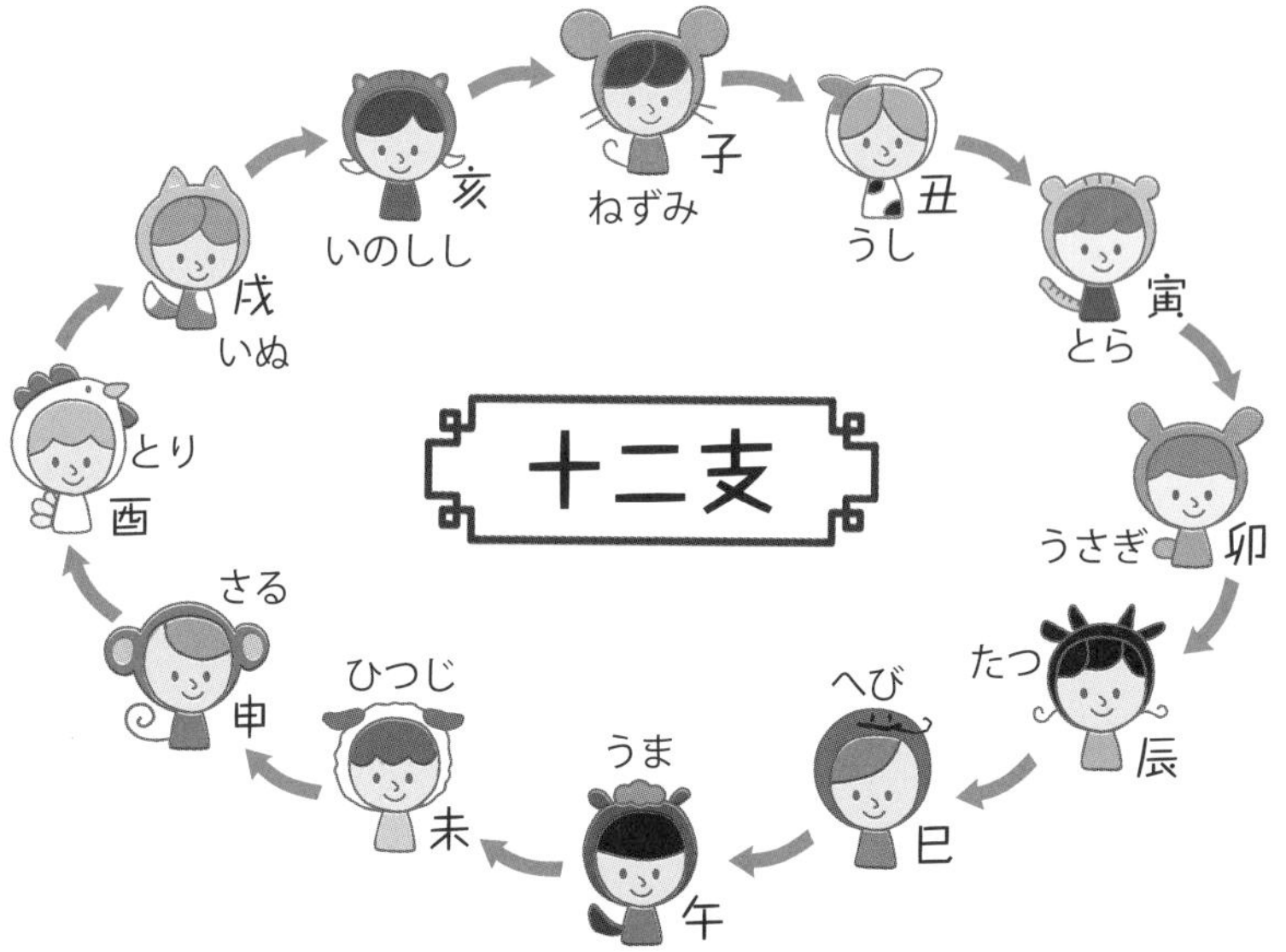

十《じっ》干《かん》

甲　乙　丙　丁　戊　己　庚　辛　壬　癸

十二支と十干の組み合わせで時刻や年号を表していました

干支とは正式には十二支と十干の組み合わせのことです。2020年の干支は「子」、十干は「庚」ですから「庚子（かのえね・こうし）となります。

ひとくち知識

「海海海海海」って何と読めますか?

「海女＝あま」「海豚＝いるか」「海胆＝うに」「海老＝えび」「海髪＝おご」という単語があります。「海」は「あ・い・う・え・お」と読むことが可能なので「海海海海海」は「あいうえお」とも読めます。

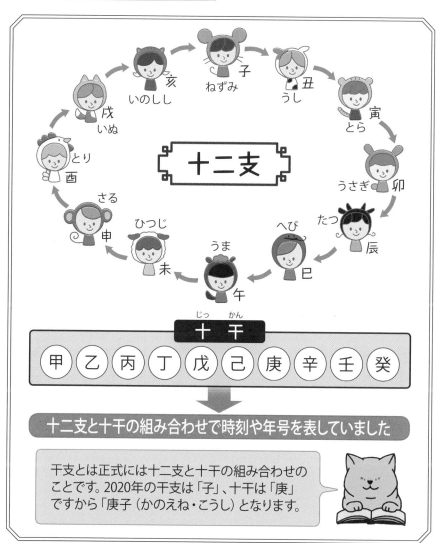

3-6 花に水をあげるという表現は適切ではありません

植物や動物、物に敬語は使わない

　知らず知らずのうちに、間違った日本語を使ってしまうことがあります。とくに尊敬語や謙譲語を正しく使うのは、難しいものです。

「花に水をあげる」「犬に餌をあげる」などとよく使ってしまいますが、実はこの言い方は適切ではないのです。「あげる」は、目上の人から目下に使う「与える」「やる」の謙譲語です。ですから、花や犬に対してへりくだる言葉＝謙譲語になってしまうのです。花や犬に人間である自分がへりくだるのは、適切な言い方ではありません。植物や動物、そして物に対して謙譲語はもちろん、尊敬語も使わないのです。

「水やり」「餌やり」とは言いますが、「水あげ」「餌あげ」とは言わないように、正しくは「花に水をやる」「犬に餌をやる」です。「やる」という言い方に抵抗があるようでしたら、「与える」と言い換えても良いでしょう。

　また、「あげる」が謙譲語でも、先生や上司に「お土産をあげる」などというのは失礼です。こういう場合は「差し上げる」と言うほうが適切です。

　さらに「与える」でも、「みなさんに生きる勇気を与えたい」という表現だと、自分を目上としている言い方になってしまいます。「勇気を届けたい」というのがふさわしい表現ではないでしょうか。

　もうひとつ間違えがちな言い方があります。**「先生は素敵な時計をしていらっしゃいますね」**というのは正しい言い方なのですが、**「先生の時計は素敵でいらっしゃいますね」**と言うと、時計に対して敬語を使っていることになるので、注意してください。

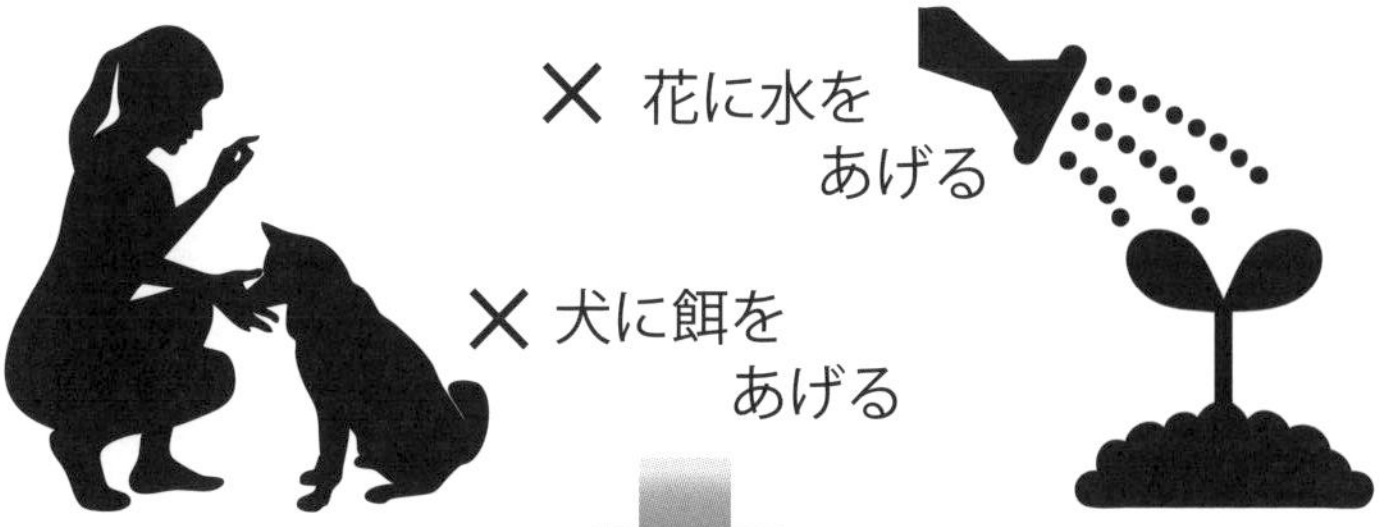

「あげる」は目上の人から目下の人に使う「与える」「やる」の謙譲語です

謙譲語とは自分がへりくだるときに使う敬語です。
謙譲語の「あげる」を動植物に使うと
人間がへりくだる図式になってしまいます。

○	正しい言い方	先生は素敵な時計をしていらっしゃいますね
×	間違った言い方	先生の時計は素敵でいらっしゃいますね

ひとくち知識

「どうしますか」は失礼にあたる場合があります

上司や先輩に対して「どうしますか」と言ってはいけません。丁寧な表現ですが、この言い方には敬意が含まれていません。「どうなさいますか」という言い方が適切なのです。

日本語の面白さを知る④

患者様という表現に違和感を感じない人たち

数年前から、病院や医院などで「患者様」という呼び方を見直す動きが広がっています。「患者中心の医療」ということで使われるようになったようですが、「違和感がある」「よそよそしい」「冷たさを感じる」などの理由から、「患者さん」に呼び方を戻す医療機関が増えているそうです。

厚生労働省の指針で「患者には敬称をつけるように」という内容が発表されたことで広がった「患者様」ですが、**本来は「（患者の）○○様」のように個人名に敬称をつけたほうが良いという意味だったようです。**

では、「患者様」という言い方は日本語として正しいのでしょうか。文書などでは「患者の皆様」などとするのが良いと思います。

「様」をつければ敬意が表せると思いがちですが、何にでも「様」をつければいいというものではありません。

ビジネス文書やメールなどで、「各位様」という表現を見ることがあります。**あらたまった書面や席で用いる「各位」は、すでに「皆様」「皆様方」という意味をもっ**

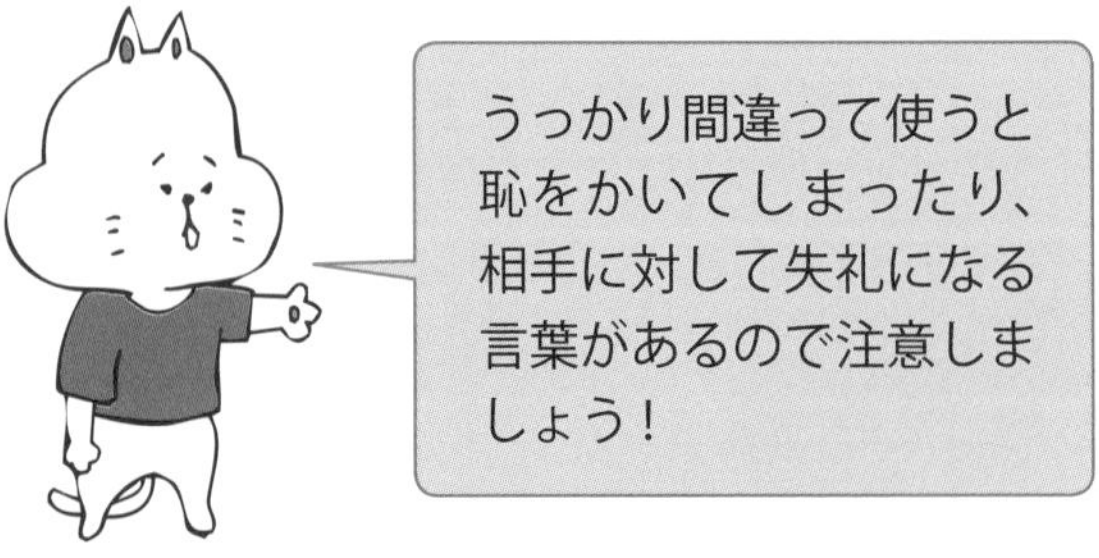
うっかり間違って使うと恥をかいてしまったり、相手に対して失礼になる言葉があるので注意しましょう！

ています。

たくさんの人を対象にして、そのひとりひとりを敬う表現なので、「各位様」「各位殿」などの敬称をつけると、敬意が重複することになってしまいます。

さらに「お客様各位」とするのも敬意の重複になりますから、「各位」だけ、もしくは「お客様」という表現で十分なのです。

また、「社長」「部長」などの役職名に「様」をつけるのも間違いです。

社内で上司を呼ぶときの「部長さん」「課長さん」も間違いで、「○○部長」「○○課長」が正しい呼び方です。文書や手紙の宛名には、「株式会社○○　営業部長　○○○○様」と書くようにしましょう。

丁寧な表現をしたつもりでも、間違った使い方をしては元も子もありません。

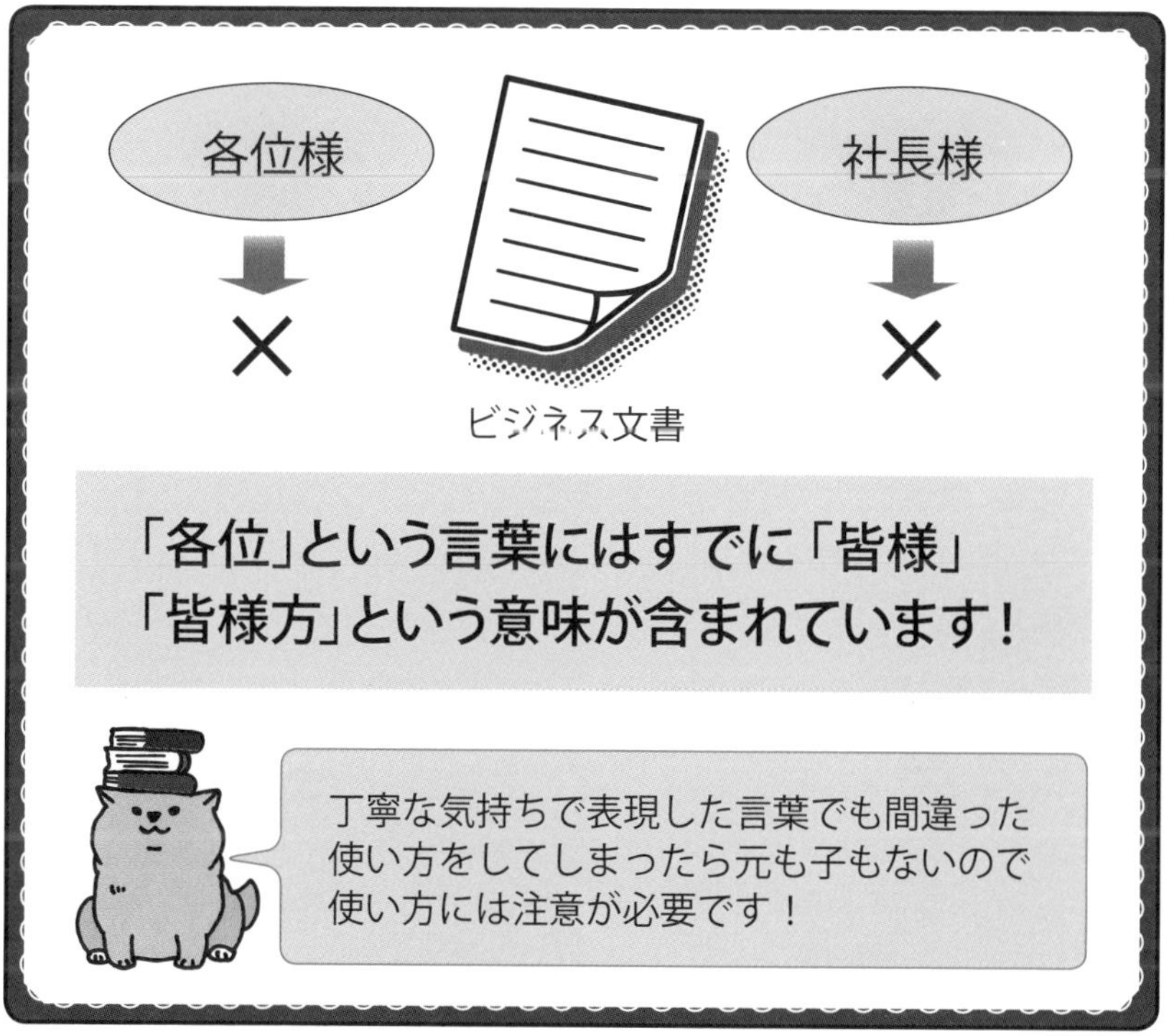

各位様
×
ビジネス文書
社長様
×
「各位」という言葉にはすでに「皆様」「皆様方」という意味が含まれています！
丁寧な気持ちで表現した言葉でも間違った使い方をしてしまったら元も子もないので使い方には注意が必要です！

Column ④

「お茶の子さいさい」の語源は何

「お茶の子さいさい」とは「簡単にできる」という意味で使われる言葉ですが、どうして「お茶の子さいさい」が「簡単にできる」という意味になるのでしょうか。

「お茶の子」とはお茶と一緒に出される小さな和菓子のことをいいます。小さい和菓子のため、ひとくちで簡単に食べることができます。その小さな和菓子を「さらさら」と食べることができるさまを「さいさい」といい、簡単に食べられると意味から「お茶の子さいさい」が「簡単にできる」という意味になったのです。「お茶の子さいさい」の「さいさい」は、三味線を使って歌う囃《はや》子《し》言葉の「のん子さいさい」からきています。囃子言葉で「さいさい」は「おいおい」「よいよい」「ほいほい」のように、囃すときに使う言葉だったのです。ですから「こんな小さなお茶菓子なんでひとくちで食べれるよ、ほいほい」という意味を表し、すなわち「簡単に食べられる＝簡単にできる」という意味となったのです。

簡単にできることを表した言葉には「お茶の子さいさい」の他に「朝飯前」「造作もない」などがあります。

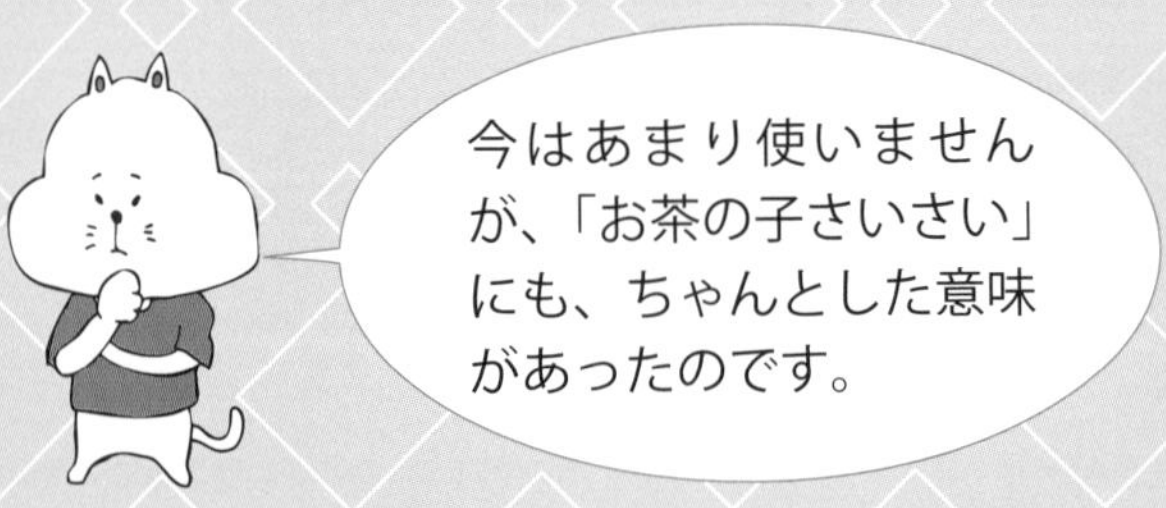
今はあまり使いませんが、「お茶の子さいさい」にも、ちゃんとした意味があったのです。

第4章

間違いやすい敬語

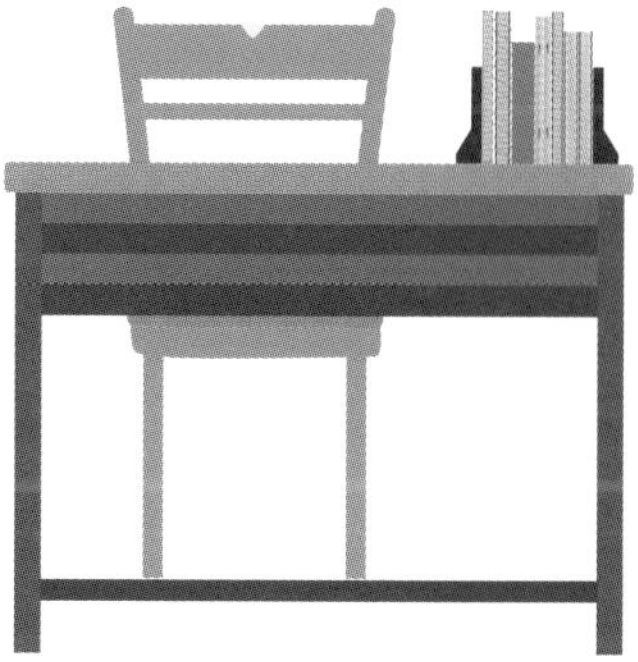

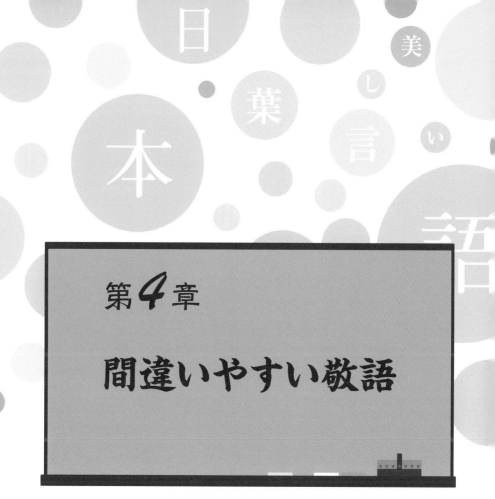

4-1

「すみません」は謝罪の言葉なの？

謝罪の意を正確に伝える

日常生活で何気なく使っている「すみません」「すいません」ですが、ビジネスシーンでは失礼になる場合があるので注意が必要です。岩波書店刊の国語辞典には、「すみません」とは「骨を折らせたり、世話をかけたりする（した）とき、その労をねぎらい、迷惑をかけたときわびる言い方」「『すまない』の丁寧表現。それでは私の気がおさまらないの意」と書かれています。確かに謝る意味は含まれていますが、「自分の気がおさまらない」という印象を受ける可能性のある言葉なのです。

「すみません」は謝罪の気持ちを伝える以外に、感謝の意を伝えるときに使うケースもあります。また レストランなどで店員を呼ぶときにも、この「すみません」は使います。このように「すみません」という言葉は、相手の労をねぎらい「自分の気がおさまらない」というニュアンスが強いのです。つまり「すみません」では謝罪の意が伝わらないケースがあるので注意が必要でしょう。

ビジネスシーンなどで謝罪の意を伝えるときには「すみません」ではなく、「申し訳ありません」「申し訳ございません」のほうが良いでしょう。「申し訳ございません」の「ございません」は「ない」の謙譲語です。謝罪するということは、自分に何か非があるときですから、自分がへりくだる謙譲語である「ございません」が適切な言い方となります。若者の言葉で「すみません」ではなく「サーセン」なんて言う人がいますが、こんな言葉では相手に謝罪の意は伝わらないのは明らかです。

すみません

相手に迷惑をかけたときに謝罪の意が伝わらないケースがあるので要注意です！

すみません → ○ 申し訳ございません
○ 申し訳ありません

自分の気持ちを伝えたいときには
言葉の使い方に注意しましょう！

ひとくち知識

多くの人が勘違いしている「破天荒」

犯罪を犯した人に「あの人は破天荒な人ですね」という表現は間違いです。「破天荒」は「誰もいままでにしたことのない行為」「すばらしい快挙を達成した」という意味があるからです。

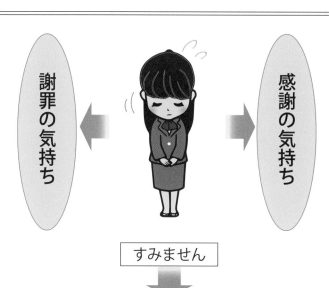

4-2

「〜になります」って何に変化するの？

日常生活で違和感のある言葉

買い物を済まし会計のとき、店の人から「合計で一〇〇〇円になります」というようなフレーズを耳にしたことはないでしょうか。

この「一〇〇〇円になります」という言い回しですが、どこか変に感じませんか。実はこの言い回しは間違った使い方なのです。**「一〇〇〇円になります」の「なる」は「以前とは違う形になる」「前とは異なる状態に変化する」という意味があります。**ということは、「一〇〇〇円になります」とは何かが変化して一〇〇〇円になったことになります。しかし現実には合計金額が一〇〇〇円になっただけで、一〇〇〇円は一〇〇〇円のままです。「なる」を変化させた言葉が「〜になります」ですから違和感がある言葉となるのです。正しくは「会計は一〇〇〇円です」「会計は一〇〇〇円でございます」と言うのが正しい表現です。

「女性専用のスペースになります」「入場口はこちらになります」というような言い回しも、何かが変化して「女性専用のスペース」や「入場口」になったわけではありませんので、こちらも誤った言葉遣いです。この**「なります」は変化が伴うものに対して使うのであれば問題ありません。**

たとえば「こちらの建物は誕生から五〇年になります」という場合などです。建築されてから五〇年の時間が経過したことを意味しています。これからも六〇年、七〇年と時間が変化するので間違った用法ではありません。もし使い方に困ったならば、「〜になります」は「〜です」と言うのが無難でしょう。

1000円になります

なる

以前と違う形になる

前とは異なる状態に変化する

1000円になります → 会計が1000円です / 会計は1000円でございます

「入場口はこちらになります」が厳密に言えば違和感のある言葉遣いになります。

AからBへ変化  ～になります

ひとくち知識

「ご苦労さま」は上司には言わないほうが無難

「ご苦労」の「労」は「ねぎらう」と読みます。「ご苦労さま」は上司が部下に対して言うのであれば問題ありませんが、部下が上司に対しては適切ではない表現となります。

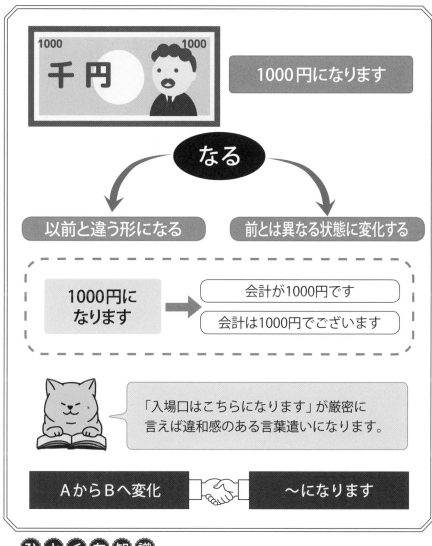

4-3 「ご結婚」がアリで「ご離婚」がナシの理由

「ご結婚」は「美化語」になります

「ご結婚」という言葉は「結婚」という言葉に丁寧を意味する「ご」または「お」という接頭語をつけた言葉なのです。「挨拶→ご挨拶」「話→お話」などがそれにあたります。「ご結婚」は丁寧語の中で「美化語」というジャンルに分類されています。この「美化語」は悪い意味には使用しないというきまりがあります。「離婚」は良いイメージではありません。ですから「ご離婚」とは言わないのです。「事故」や「病気」もあまり良いイメージではないので、「お事故」「お病気」などとは言いません。

　さて、結婚式に出席するときには祝儀をもって行きます。

　祝儀袋には「祝結婚」と書くのが通常ですが、「祝ご結婚」と書いたらどうでしょうか。書いた本人は丁寧な言葉遣いのつもりで書いたかもしれません。「ご結婚」という言葉自体は間違っていませんが、実は**祝儀袋に「祝ご結婚」と書くのは好ましくないのです。「祝・ご・結・婚」と四文字言葉になるからです。**

　祝儀袋にも種類があります。赤い袋ならお祝いごとを表すのでなんでも良いというわけではありません。祝儀袋には「水切《みずきり》」があり、「結切《むすびき》り」と「蝶結び」の二種類があります。

「結切り」は二度と繰り返さないようにという意味があり、「蝶結び」は何度も繰り返してもうれしいという意味があります。ですから結婚式では水引が「結び切」の祝儀袋を使います。病気見舞いや快気祝いの場合も、何度も繰り返してはいけませんので、「結び切」の水引を使います。

「ご結婚」は美化語に分類されます。
美化語はネガティブな意味をもつ言葉には使用しないというルールがあります。

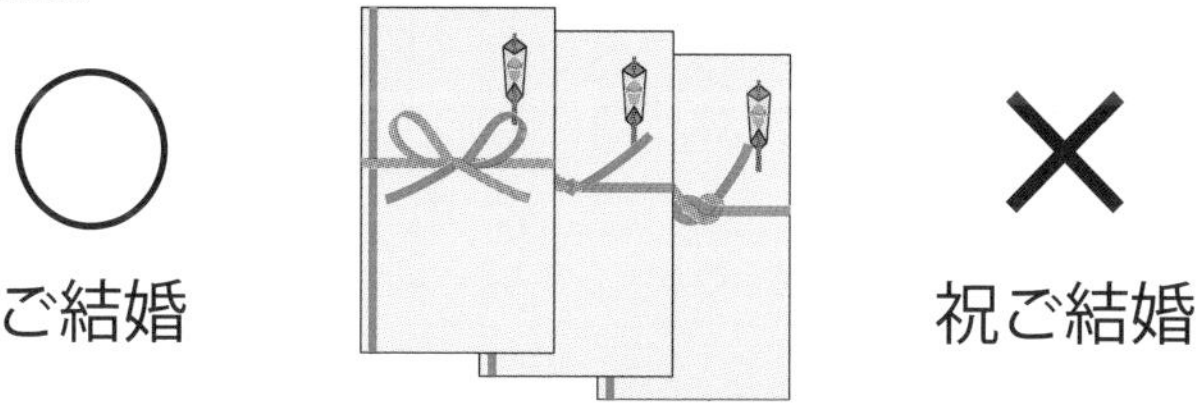

「祝・ご・結・婚」と四文字言葉は好ましくありません

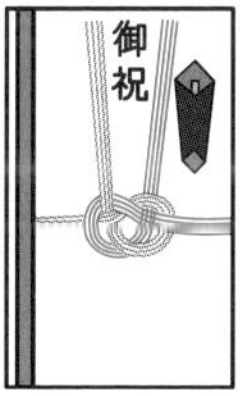

結切り

二度と繰り返さないお祝いごとの場合

蝶結び

何度も繰り返しても良いお祝いごとの場合

ひとくち知識

お客様に「お座りください」はNGです

「お座りください」とよく耳にしますが、この表現には尊敬の意が含まれていなく、たんに「ここに座れよ」という意味になってしまいます。「おかけください」という言い回しを使うのがベターです。

4-4 「ご乗車できません」は正しい言い方？

駅でのおかしなアナウンス

朝夕の混雑した電車のホームなどで駅員が「大変混雑しております。とくに先頭車両は、ご乗車できません」というようなアナウンスを聞いたことはないでしょうか。この「ご乗車できません」は違和感のある言葉です。文化庁が発表した「敬語の指針」では**「ご乗車できません」は「ご乗車になれません」「ご乗車いただけません」が適切な言い回しであると書かれています。**尊敬語の可能形は「ご(お)～なれる」ですから、否定形は「ご(お)～なれません」が正しい言い方になり、「ご乗車になれません」が問題のない表現となるとも書かれています。

乗車するのは利用客ですから、利用客に対して敬意を払うのであれば「ご(お)～いただける」という形になります。ですからその否定形である「ご乗車いただけません」が適切な言い回しということになるのです。

さて、「この改札口は明朝七時まで閉鎖です」といったアナウンスや告知がありますが、この「明朝」という言葉にも問題があります。**「明朝」はその時点からみて次の日の朝という意味です。**最終電車が発車する時間は、多くの場合は二四時を過ぎ、すでに翌日になっています。たとえば三月三日の最終電車は厳密には三月四日の午前○時半や一時頃に発車する電車になるため、「明朝」は次の日の朝ですから三月五日の朝という意味になってしまうのです。厳密に言えば「この改札口は明朝七時まで閉鎖です」ではなく「この改札口は翌朝七時まで閉鎖です」という文言が正しいのです。

ご乗車
できません
<違和感がある>
ご乗車
いただけません
<正しい言い方>

文化庁の発表した「敬語の指針」で指摘されています

尊敬語の可能形	尊敬語の否定形
ご(お)～なれる	ご(お)～なれません

利用客に対して尊敬を払うのであれば
「ご(お)～いただける」という形になるので
「ご乗車いただけません」となります。

明朝 ➡ その時点から次の日の朝

翌朝 ➡ その時点から次の朝

ひとくち知識

「おっしゃられました」と言っていませんか?

「部長がおっしゃられたように」という表現に違和感を感じない人が文化庁の調査で61%もいました。この表現は二重敬語で間違いなのです。「おっしゃいました」が正解です。

4-5 上司に「了解です」を使うのはNG?

失礼な言葉遣いになるので注意

スマホやパソコンの普及で、メールでビジネスパートナーや上司などとやりとりをする機会が多いと思います。そのようなとき「わかりました」の意を伝えるために「了解しました」という表現を使うケースがあると思います。しかしこの**「了解しました」という言い回しは、上司など目上の人に対しては、あまり勧められる表現方法ではないのです。**「する」の丁寧語が「します」です。過去形が「しました」ですから「了解しました」は丁寧語になります。上司や目上の人に対しては自分をへりくだる、謙譲の意が入っていないからです。つまり「了解しました」には、上司や先輩に対して尊敬の意が込められていないのです。「わかりました」という言い方もありますが、**上司や目上の人に対しては「承知いたしました」「かしこまりました」「拝承しました」という言い方が適切なのです。**

「了解」には「物事の内容を理解して承認する」という意味があります。つまり相手の言っていることを理解したという意味ですから、「了解」という言葉を使うのであれば、「了解いたしました」と言えば問題ありません。スマホの普及で最近はLINEで「わかりました」という意味で「了解!」というスタンプがあふれています。友人同士のやりとりでしたら問題ありませんが、上司や取り引き先相手に「了解」という文言は好ましくない表現であることを知っておきましょう。**いつものクセで「了解しました」を使うと、場合によっては失礼なヤツだと思われるので要注意です。**

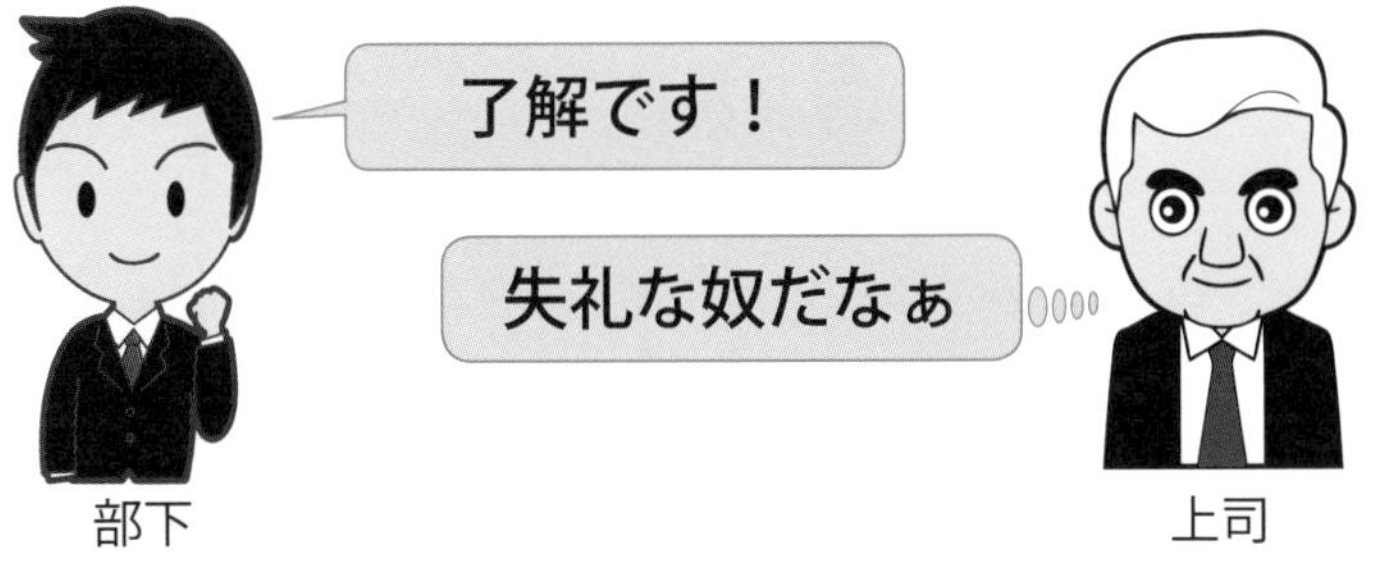

「する」の丁寧語が「します」 → 「しました」

過去形にすると

「了解しました」はたんなる丁寧語となります

上司には自分がへりくだる謙譲の意がある言葉、すなわち尊敬の意が込められている言葉を使うのが適切なのです。

了解  物事の内容を理解して承認する

↓

「了解いたしました」でしたら問題ありません

ひとくち知識

「拝啓」の意味をしっかり理解していますか？

手紙文の「拝啓」にはどんな意味があるのでしょうか。「拝」は「おじぎ」、「啓」は「述べる」という意味があります。「拝啓」は「つつしんで申し上げます」という意味になります。

4-6 「いちおう」はまだ完了していない状態です

不完全な状態である意味となる

ビジネスシーンで、上司から「新商品の企画書はどうかな？」と尋ねられ、部下が「いちおうできました」というように答えるやりとりを聞いたことはないでしょうか？ **「いちおうできました」の「いちおう」はビジネスシーンではあまり使わないほうが良い言葉なのです。**

「いちおう」には「十分ではないがひと通り、最低限の状態にはなっている」という意味があります。つまり「完全ではない」「ほぼ大丈夫」という曖昧《あいまい》な状態であることになります。上司から尋ねられたとき「いちおう終わりました」と答えると「中途半端」「不完全」という意味に解釈される可能性があるので、とくに部下から上司に対してはあまり使わないほうが良いでしょう。

一般的に「いちおう」を漢字で書くときには「一応」と書きますが、「一往」と書くのが正しい漢字です。**「一往」とは何度も目的地に行き、確認作業などをして万全を期さなければならないとき、一度だけ行ってきたというのが「一往」、つまり確認作業はまだ途中ですという意味なのです。**

「とりあえず」という言葉も会話の中でよく耳にします。漢字では「取り敢えず」と書き、「敢えず」にはまだ完全ではないという意味があります。「新商品の企画書はどうかな？」と聞かれ「とりあえずできました」と答えると、「いちおう」と同じように、まだ完全ではない状態である意味になってしまいます。「とりあえずできましたが、もう少し考えてみます」などと答えたほうが無難でしょう。

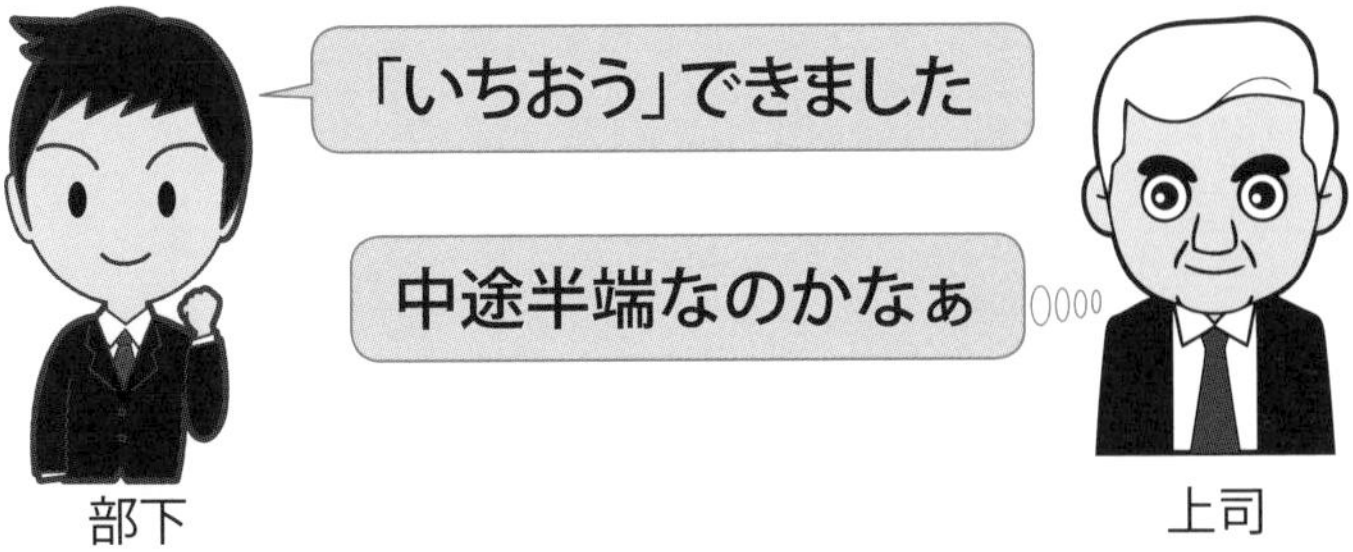
「いちおう」できました
中途半端なのかなぁ
部下
上司

いちおう

完全ではない　　ほぼ大丈夫

↓

不完全という意味になってしまいます

いちおう ＝ 一往 → 確認作業はまだ途中ですの意味

「とりあえず」は「いちおう」と同じくまだ完全でないという意味があります。「とりあえずできましたが、もう少し考えます」が良いでしょう。

ひとくち知識

「敬具」には述べましたの意味があります

「拝啓」で始まる手紙は「敬具」で締めます。「敬」は尊敬、「具」は述べるという意味があります。つまり「敬具」は「つつしんで述べさせていただきました」となります。

4-7 目上の人に「大変参考になりました」はNG?

よく耳にするダメな言い回し

上司や目上の人、あるいは得意先などで相手から色々と意見を聞いたとき、**「大変参考になりました」というようなフレーズを使っていませんか? 実はこの言い回しは相手に対して失礼になるのです。**

「参考」とは「他人の意見をひとつの考え方として、自分の意見を決める手がかりにする」または、すでに自分の考えはまとまっており、「自分の考えの判断材料のひとつ」としてとらえるという意味があります。

つまり「参考になりました」という表現、上司に対して「○○部長の考え、大変参考になりました」と答えてしまうと「あなたの意見を参考にして自分の考えがまとまりました」という意味になってしまうのです。その場合は、「○○部長の考え、大変勉強になりました」と答えたほうが良いでしょう。

「さすがです」もよく使ってしまう表現です。しかし「さすがです」も「参考になりました」と同じように上から目線になる言い回しです。

「さすがですね」は相手を褒めるときに使う言葉です。「褒める」という行為は相手を評価する意味になってしまい、「部長はさすがによく知っていますね」という表現は、部下である自分が上司を評価してしまう図式になるからです。「よくご存じですね」という表現が適切なのです。

「参考になります」「さすがです」は相手に尊敬を意を込めて言ったつもりなのに、実は相手を見下してしまう意味になってしまうので、使い方には注意が必要です。

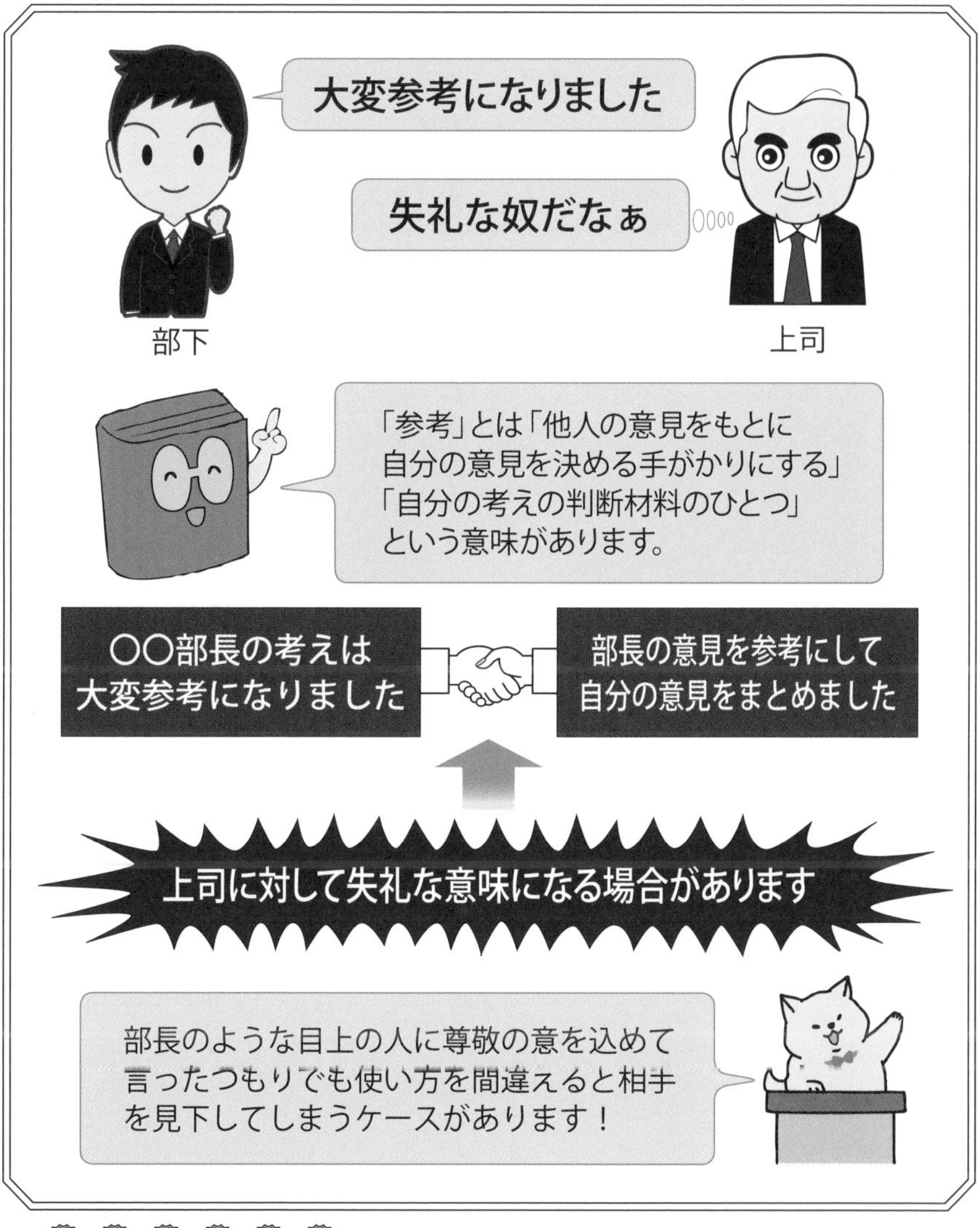

大変参考になりました
失礼な奴だなぁ
部下
上司
「参考」とは「他人の意見をもとに自分の意見を決める手がかりにする」「自分の考えの判断材料のひとつ」という意味があります。
○○部長の考えは大変参考になりました
部長の意見を参考にして自分の意見をまとめました
上司に対して失礼な意味になる場合があります
部長のような目上の人に尊敬の意を込めて言ったつもりでも使い方を間違えると相手を見下してしまうケースがあります！

ひとくち知識

封字の種類とその使い分けを知ってますか？

封書を送るとき、封をする箇所に「〆《しめ》」印をつけるのが一般的です。重要な書類の封字には「緘《かん》」と書きます。おめでたい文書で、婚礼は「寿」、誕生は「賀」と使い分けます。

4-8 「とんでもございません」は間違っていない？

あなたは肯定派？ 否定派？

敬語の使い方として「とんでもございません」は肯定派と否定派に分かれています。

たとえば上司や先輩から仕事で「最近よく頑張っているね」と声をかけられたとき、「とんでもございません」というように答えたらどうでしょうか。このようなやりとりは日常生活でよく耳にしますので、違和感は感じないと思います。この違和感がないというのが肯定派の考え方なのです。

文化庁の「敬語指針」でも**「とんでもございません（とんでもありません）」は、相手から褒めや賞賛などを軽く打ち消すときの表現であり、現在では問題ないと考えられる」と書かれています。**

否定派の考え方は「とんでもない」はひとつの言葉であり「とんでも＋ない」という形にはならないという解釈です。「ない」の部分を「ございません」に変換するのは適切ではなく、丁寧な言い方にするのであれば「とんでもないことです」「とんでもないです」という言い回しになります。「もったいない」を「もったい＋ない」という形で考えると「もったいございません」は多くの人たちには違和感のある言い回しに聞こえるのと同じで、「とんでもございません」は誤用であるという意見です。

しかし、文化庁が二〇〇四（平成一六）年に実施した調査によると、「とんでもございません」という言い回しが気になると回答した人は17・8％、反対に気にならないと回答した人は68・3％という結果があります。あなたは「とんでもございません」は肯定派？ それとも否定派ですか？

とんでもございません

肯定派

相手から褒めや賞賛などを言われたときに軽く打ち消すときの表現方法です

否定派

「とんでもない」はひとつの言葉であり「とんでも＋ない」という形になりません

文化庁が2004年に発表した調査によると、「とんでもございません」に違和感を感じない人が全体の68.3%であるという数字があります

あなたは「肯定派」ですか？「否定派」ですか？

言葉は時代とともに変化し続けていくものなのです。誤った言い回しでも多くの人が使っていると誤用が誤用でなくなるケースもあります。

ひとくち知識

違和感のある代表的な言い回し

「×＝御覧になられる　○＝ご覧になる」「×＝お見えになられる　○＝お見えになる」「×＝取りにいきます　○＝取りにうかがいます」「×＝食べれる　○＝食べられる」

「かわいい子には旅をさせよ」は厳しい言葉です

「かわいい子には旅をさせよ」も、間違って使われることが多い諺です。この場合の旅は、世界中を回って見聞を広めなさい、といった「旅行」という意味を表しているのではありません。また、小さいうちから、色々なことを経験させるということでもありません。

この諺は**我が子がかわいいなら、甘やかさないで世の中のつらさを経験させたほうが良い、という意味なのです。**

江戸時代の旅は当然ですが、今のように電車やバスなどの交通機関が発達しておらず、自分の足だけで目的地まで歩いて行きました。暗い山中を抜けて行ったり、追い剥《は》ぎにあったり、様々な予測できないことが起こりうる、とても危険を伴うものでした。このような試練を経験することが、後々役に立ち、立派な大人に成長することになるという、厳しい言葉なのです。

「若い頃の苦労は買ってでもしろ」という言葉もあります。**若いときにする苦労は必ず貴重な経験となって将来役立つものだから、自分から求めてでもするほうが良い**

長い年月を経て私たちに伝えられてきた諺や格言には、人生を生き抜くための教訓が含まれています。

という諺です。若い頃の苦労は自分を鍛え、必ず成長に繋がります。過保護に育てられ、何の苦労も経験しないでいれば、将来、自分のためにはならないのです。「苦労」は「辛労《しんろう》」「難儀《なんぎ》」「辛抱《しんぼう》」ともいいます。

「艱難汝《かんなんなんじ》を玉《たま》にす」という言葉も、地中から掘り出された粗玉《あらたま》も、磨かれると美しい玉になることから、人は困難や苦労を乗り越えて初めて立派な人間に成長するということです。これは日本の諺ではなく、「Adversity makes a man wise（逆境は人を賢くする）」という西洋に伝わる諺の意訳です。

洋の東西を問わず、同じ意味の諺があるのは、試練はいつか実を結ぶということが、真理だからではないでしょうか。

今を生きるためにも大きなヒントとなる言葉でしょう。

かわいい子には旅をさせよ

我が子がかわいいなら
世の中のつらさを経験
させるほうが良い

諺から学ぶことが多いものです

同じ意味の諺は海外にもあります。
これは今を生きるために大きなヒントと
なるのではないでしょうか。

Column ⑤

英語にも敬語のような表現方法がある

英語には日本のように敬語という概念はありませんが、同じ意味合いのある、丁寧な言い方というのはあります。考え方によってはそれが日本の敬語にあたるのかもしれません。

日本の敬語は「尊敬語」「謙譲語」「丁寧語」に分類され、伝える相手によって言葉を変化させて表現します。一方英語においては話す本人によって変わってきます。つまり、本人が丁寧な言い方をすればそれが、敬語にあたるといえます。たとえば、窓を開けて欲しいとき、「Open the window !」という言い方をすれば、「窓を開けろ！」という命令調の印象になります。「Will you open the window?」と言えば「窓を開けてください」となり、さらに丁寧な言い方をすれば、「Would you open the window? ＝窓を開けていただけませんか」となります。

他にも例を挙げてみましょう。本を貸してもらいたいときには「Can you lend me a book?」と言いますが、それを丁寧な表現に言い替えると「Could you lend me a book?」となります。

英語には敬語がないと思われがちですが、文頭に言葉を加えたり、動詞を変えたりして丁寧な表現方法があるのです。

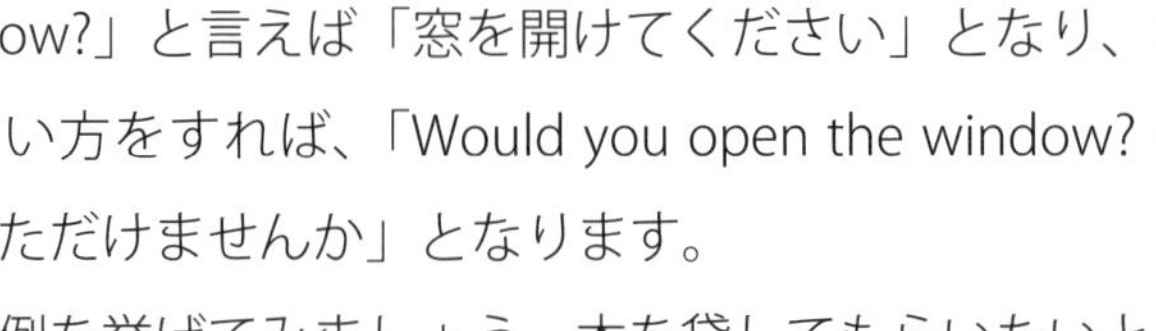
英語でも表現方法を変えることで、敬語のように相手に好印象を与える丁寧な言い方があります。

第5章
間違って使っている日本語

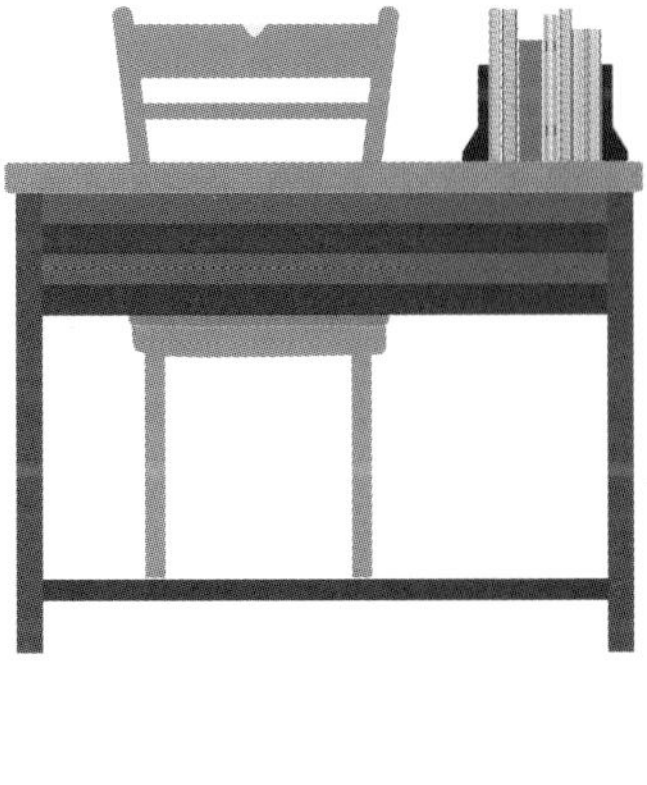

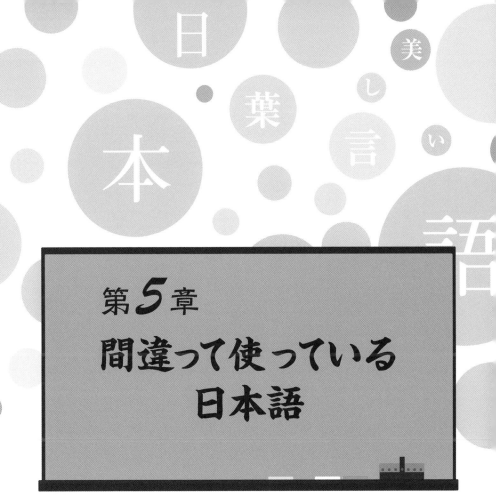

「天地無用」の意味を知っていますか？

宅配便などが届いたときに、荷物に「天地無用」というシールが貼られているケースがありますが、言葉の印象から「天地」、すなわち上下は気にしなくても大丈夫という意味にとらえる人が多いものです。しかし、実はまったく逆の意味なのです。**「天地」つまり上下は反対にしてはいけませんということなのです。「無用」という言葉には「禁止」という意味があります。ですから「天地」（上下）を逆にすることは「禁止」という意味になるのです。**「天地無用」という言葉は、運送業者の業界用語で「天地入替無用」という言葉から四字熟語の体裁をとるために「入替」の文字を削除したことが由来であるという説があります。

多くの宅配業界ではいまだにこの「天地無用」という言葉が書かれたシールを使っていますが、郵便局など、「この面を上に　逆さま厳禁」というようにわかりやすい表現を使っているケースもあります。

「無用」を含んだ似たような言葉に「他言無用」があります。「他言」とは他の人に言うことを指します。それを禁止するのですから、人に話してはいけませんよ、という意味になります。

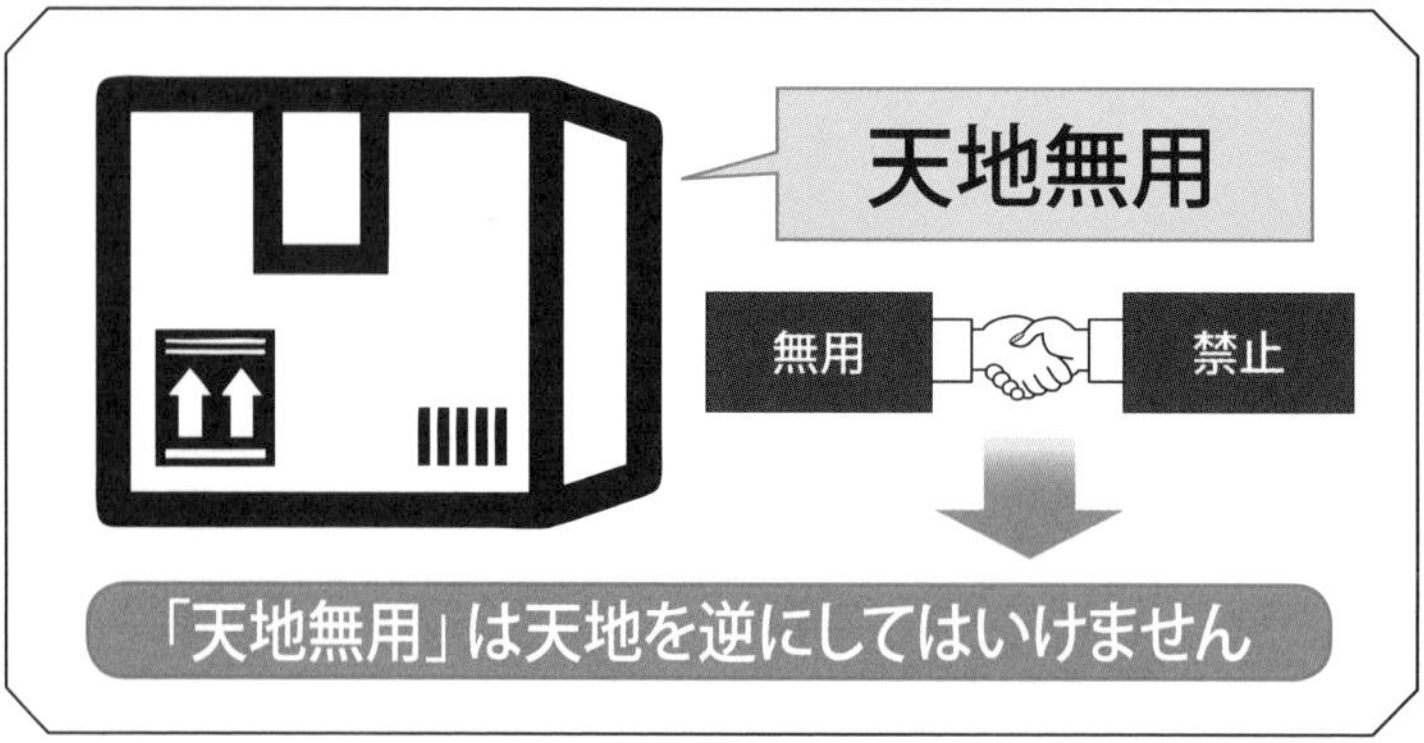
天地無用
無用
禁止
「天地無用」は天地を逆にしてはいけません

「さわりの部分」とは最初の部分なの？

物語の「さわりの部分」と言ったらどの部分を想像するでしょうか。「最初の部分」と勘違いしている人が意外と多いものです。本当の意味は「要点部分」を指します。つまり、物語の「さわりの部分」と言えば「物語の要点」という意味になるのです。

人気の映画を観に行こうとして、すでにその映画を観た友人に「さわりの部分だけでも教えてよ」なんて質問して、友人から見どころを含めた映画のストーリーを暴露されてしまっては元も子もありません。

文化庁が二〇〇七（平成一九）年に実施した「国語に関する世論調査」では、55％と半分以上の人が、「さわり」の意味を「物語などの最初の部分」という意味でとらえていました。年代別に調べてみますと、どの年代に偏《かたよ》ることなく、間違って理解している人いることがわかっています。特に間違って理解している年代は六〇歳以上で、約六割程度の人が誤って理解していたのです。

ちなみに「さわり」の語源は、浄瑠璃《じょうるり》の「義太夫節《ぎだゆうぶし》」から来ています。「義太夫節」の中に、他のサビ（旋律）を取り入れた部分を「さわり」と呼びました。一番聞かせたい部分を指していたのです。

物語のさわりの部分とは？
○
物語の要点部分
×
物語の最初の部分
「さわり」の意味を勘違いしている人は多いです

勘定のときに「おあいそ」はNG？

寿司屋など飲食店で勘定を済ますとき、「おあいそお願いします」という人が多いものですが、この言葉遣いは正しいのでしょうか。

「おあいそ」とは漢字では「お愛想」と書きます。**「お愛想」とは（お店側が）「本日は来店いただきありがとうございます。愛想がなくて申し訳ありません」という意味があります。**

江戸時代、客と店との間に信頼関係が築かれ、その場その場で支払いを済まさず「ツケ」で飲食をするのが当たり前のときがありました。当時客が「おいあそ」という言葉を使うことはイコール、今までのツケをすべて清算し、その店には二度と来ないという意味になったというのです。「おあいそ」という言葉には「ツケ文化」とも関係があったと言えそうです。

つまり**「おあいそ」を客のほうから言うと「愛想が尽きたのでもう帰ります。会計をお願いします」という意味になってしまうのです。**もしこんな言葉を店主に直接言ったらどうでしょうか。言われたほうは、がっかりした気持ちになることは間違いありません。**普通に「チェック」や「会計」「お勘定」と言うのが良いでしょう。**

店主
……!!
お客
おあいそ!!
「おあいそ」は店側の人が使う言葉です
おあいそ
お愛想
愛想がなく申し訳ありません

「微妙」にはポジティブな意味がある

日常生活で「微妙」という言葉を使っているかと思います。しかし多くの場合は良い意味ではなく、どちらかと言えばマイナスなイメージを含むときに使っています。**しかし「微妙」はポジティブなプラスのイメージを表すときに使う言葉だったのです。**「微妙」の意味をデジタル大辞泉で調べてみると「趣深く、何とも言えない美しさや味わいがあること。また、そのさま」と書いてあります。つまり「言葉では言い表せないような素晴らしいさま」という意味があるのです。

「びみょう」と同音で「美妙」という言葉もあります。こちらも「微妙」と同じ意味をもつ言葉です。

しかし「美妙」という漢字のイメージからか、ネガティブな意味合いで使う人はあまりいません。「微妙」は世間に間違った意味で浸透してしまい、**本来の意味として使われなくなった言葉**のひとつです。

さて、「消耗品」という言葉があります。**消耗品という漢字の本来の読みは「ショウコウヒン」でしたが、今では多くの人が「ショウモウヒン」と読んでいます。**

「議論が煮詰まる」とは結論が出ない状態？

なかなか結論がまとまらないような状況を「議論が煮詰まってしまう」というような表現をする人が多いものですが、本来は違った意味なのです。**「煮詰まる」は料理用語で、食品を十分に煮込んで水分がほぼ無くなった状態を言います。これ以上に煮詰めることができない状態から「議論が煮詰まる」は、様々な意見交換がなされて議論が尽くされた、すなわち結論を導き出す時期にきているときに使う言葉なのです。**

しかし現実には「議論が煮詰まる」とは、話が平行線をたどり、いつまでたっても結論が出ない状態のときを指す場合に使っている人が多いものです。「議論が煮詰まる」という言い方は本当に誤っているのでしょうか。

〝誤っているのでしょうか〟と申し上げたのは、文化庁が発表した資料に、広辞苑第五版（一九九八年・岩波書店刊）に「煮詰まる」は「議論や考え方などが出つくして結論を出す段階になる」という意味があり、「交渉が煮詰まる」というような感じで使用すると書かれていましたが、広辞苑第六版（二〇〇八年刊）では「問題や状態などが行き詰まってどうにもならなくなる」という意味もあると追加されていたからです。

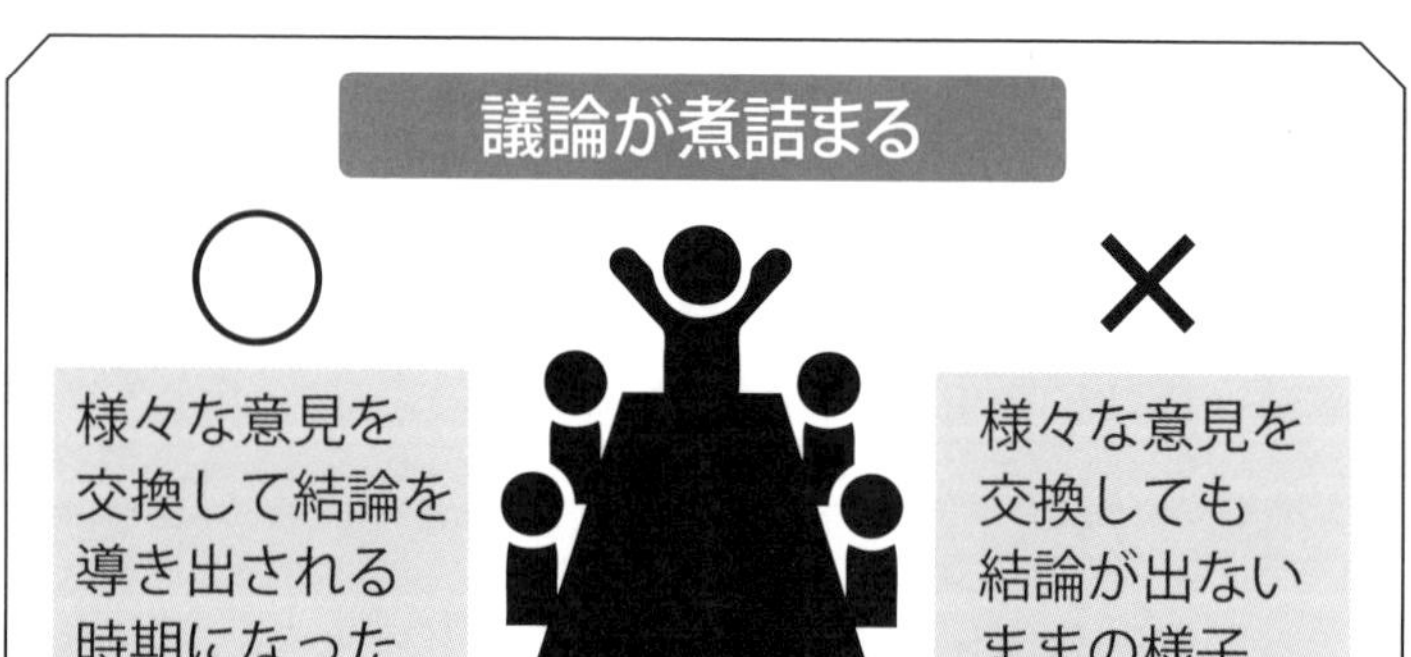
議論が煮詰まる
○
様々な意見を交換して結論を導き出される時期になった
×
様々な意見を交換しても結論が出ないままの様子

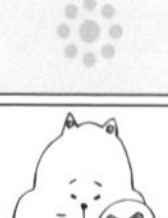

「姑息」とは卑怯という意味ではない

知人から「あなたは姑息《こそく》な人ですね」と言われたらどんな気持ちになるでしょうか。ほとんどの人があまり良い気分にはならないと思います。それは「姑息」とは「ずるい・卑怯《ひきょう》」という意味と勘違いしているからなのです。

「姑息」の「姑」は「しゅうとめ」と読みますが「しばらく」とも読みます。しばらくの間の「姑く」です。「姑息」の「息」には「いこう（息う）」という読み方はあるように「息をつく」という意味があります。ですから**「姑息」とは「しばらくの間、息をつく」、すなわち「一時的な」という意味になるのです。**ですから「姑息な手段をとる」は「その場しのぎの手段をとる」という意味であり、「卑怯な手段をとる」という意味ではありません。

医学用語で「姑息的治療」という言葉があります。患者の苦痛の軽減や一時的な症状改善などの目的で行われる治療のことで、けっして「ずるい・卑怯」な治療を指してはいません。

ちなみに二〇一〇（平成二二）年の文化庁の調査によりますと、なんと約七割の人が「姑息」を「ずるい・卑怯」という意味だと勘違いして理解しているという結果が出ています。

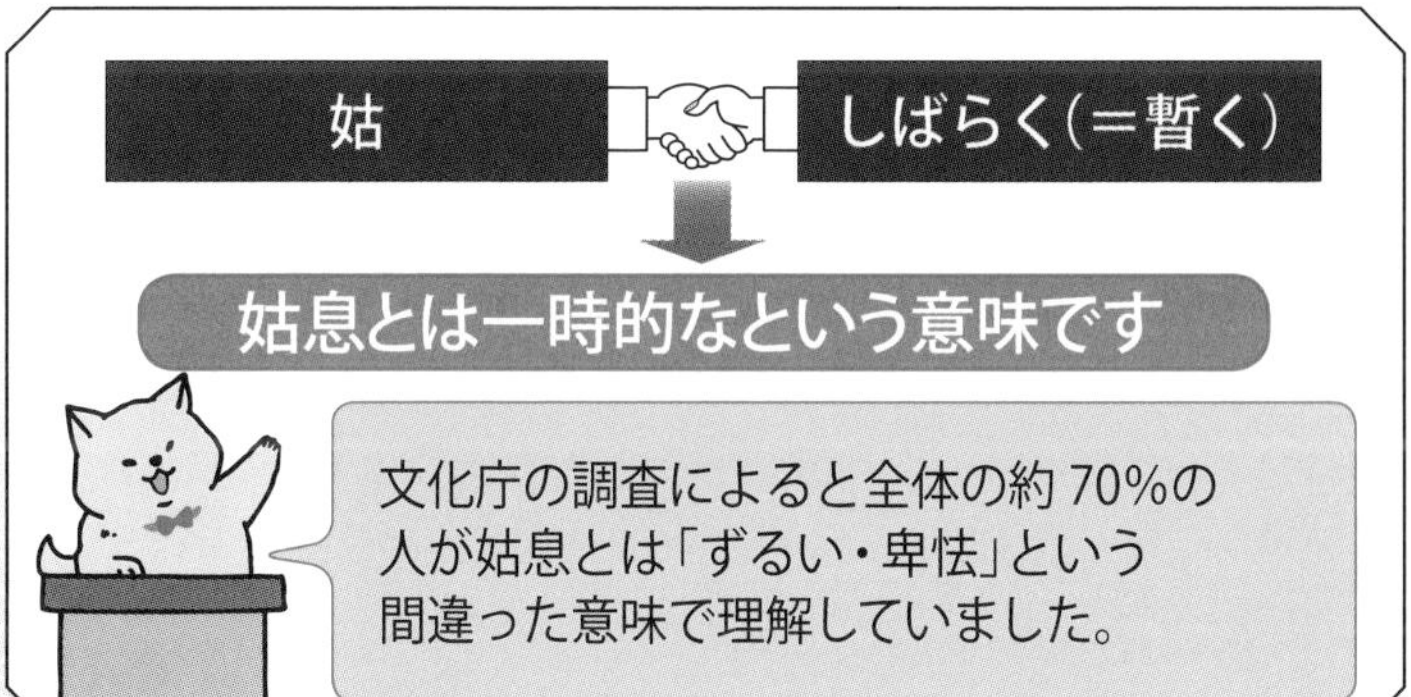
姑
しばらく（＝暫く）
姑息とは一時的なという意味です
文化庁の調査によると全体の約70%の人が姑息とは「ずるい・卑怯」という間違った意味で理解していました。

「発売中」「販売中」の違いって？

ＮＨＫの放送文化研究所のホームページで、「発売中」が正しいのか「販売中」が正しいのかを論じていたページを見かけました。

「発売」とは何か商品を世の中に売り出し始めたことを言います。つまり売り始めた時期を指す言葉であるという意味に解釈できます。「発売」とは「瞬間」を指す言葉であるという主張です。ですから**「発売中」とは発売されている瞬間が続いている意味となり、不適切な表現ではないかという意見です。**

しかし現実には多くの人は「発売中」という言葉に対して違和感もなく、また日常生活でもよく目にする言葉です。

何気なく使ってしまったり、聞き流してしまっている言葉の中に、「頭痛が痛い」「後で後悔する」「右に右折する」というような言い回しがあります。これらは誤った言葉遣いなのです。頭痛は頭が痛いのですから、頭痛が痛いと言うのは変です。後悔は後になって考え直すことで、右折は右に曲がることですから「後で」「右に」は不要なのです。

以上は同じような意味を重ねてしまっている言葉なのです。このような言葉を「重言《じゅうげん》」と言います。

発売 ＝ 瞬間を指す言葉

↓

「発売中」は瞬間が続いているという意味になり不適切な表現であるという意見があります！

巷で見かける「発売中」という文言に違和感を感じる人は意外と少ないものです！

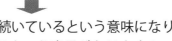

「ハッカー」って本当はどんな人なの？

ハッカー（hacker）とは主にコンピュータに関して、**一般の人々より詳しい知識をもち、その知識を利用して技術的な課題をクリアする人々のことを指します。**しかし今では多く場合、コンピュータの「内側」を覗《のぞ》く人として使用され、コンピュータの破壊行為や不正アクセスをする人という意味で浸透しています。一九八五（昭和六〇）年には本来のハッカーという言葉の意味を、マスコミの誤った使い方から守ろうと、「クラッカー（cracker）」という言葉が作られましたが、現状ではほとんど浸透していません。

小学館が発行している『大辞泉』編集部が十月一六日の「辞書の日」を記念し、二〇一三（平成二四）年に作成した「間違った意味で使われる言葉ランキング」の中ではこの「ハッカー」という言葉が一位で紹介されていました。

前述の小学館の調査によりますと、ハッカーに続く第二位には「確信犯」が入っています。本来の意味は文化庁の資料によると「政治的・宗教的等の信念に基づいて正しいと信じてなされる行為・犯罪又はその行為を行う人」とされていますが、多く人が「悪いことと知っていて罪を犯す犯罪者」と勘違いしています。

○
パソコンに詳しく精通している人
ハッカー
×
パソコンに侵入しようとしている人＝クラッカー
多くの人が間違った意味で「ハッカー＝クラッカー」を理解しています

「役不足」と「力不足」の違い

ビジネスシーンで上司から「君に今度うちの部で扱う企画のリーダーになってもらいたい」というような、大きな仕事を頼まれたとき、「非常に光栄ですが、私にとってそのような仕事は役不足なので大変不安です」というように受け答えをしている人がいます。これってどこか違和感がありませんか。

「役不足」とは、何か業務や課題を与えられたとき、自分の能力では簡単にクリアできるときに使う言葉です。

もし「私には役不足なので辞退させていただきます」なんて答えたら、「私はこんなカンタンな仕事なんかしたくないので辞退します」という意味になってしまうのです。本人は謙遜の意味を込めて言ったつもりが、実は反対の意味として相手に伝わってしまうのです。本人が仕事に対して不安があるようなときには「力不足」という言葉を使います。ですから「私には力不足なので辞退させていただきます」という言い方が適切なのです。

上司が「君にとっては役不足かもしれんがよろしく頼む」というような言い回しでしたら、「君にとってはカンタンな仕事かもしれないがよろしく頼む」という意味になるので誤用ではありません。

役不足 ⇔ 簡単にクリアできる

○ → 私には力不足なので辞退します

× → 私には役不足なので辞退します

「役不足」と「力不足」は似ている言葉ですが意味はまったく違います！

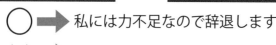

檄を飛ばしても励まされません

野球の試合などで監督が選手に励ましの言葉をかけるとき「監督が選手に檄《げき》を飛ばす」というような言い回しを使う人がいますが、**「檄を飛ばす」という言葉の意味は、もともとは「人を励ます」という意味ではないのです。**「檄」とは中国で「人々に命令を出す目的で役所が木札を使って書き記した文書」のことを言いました。文書を多くの人たちにいち早く知ってもらいたいがために急いで回すという意味から「檄を飛ばす」になったのです。つまり「檄を飛ばす」とは「自分の主張や考えを多くの人たちに伝えて同意を求めること」という意味なのです。しかし多くの人たちが誤った使い方をしたため、本来の意味である「檄を飛ばす」とは異なる使い方が定着してしまったのです。

このように**多くの人たちが使い続けたために誤用が誤用でなくなった例として他にも「真逆」という言葉があります。本来はこの漢字の読み方は「まさか」です。**しかし多くの人たちが「まぎゃく」と読むようになり、二〇〇四（平成一六）年の流行語大賞にノミネートしたのがきっかけとなり、今では「真逆」は「まぎゃく」とも読むようになりました。

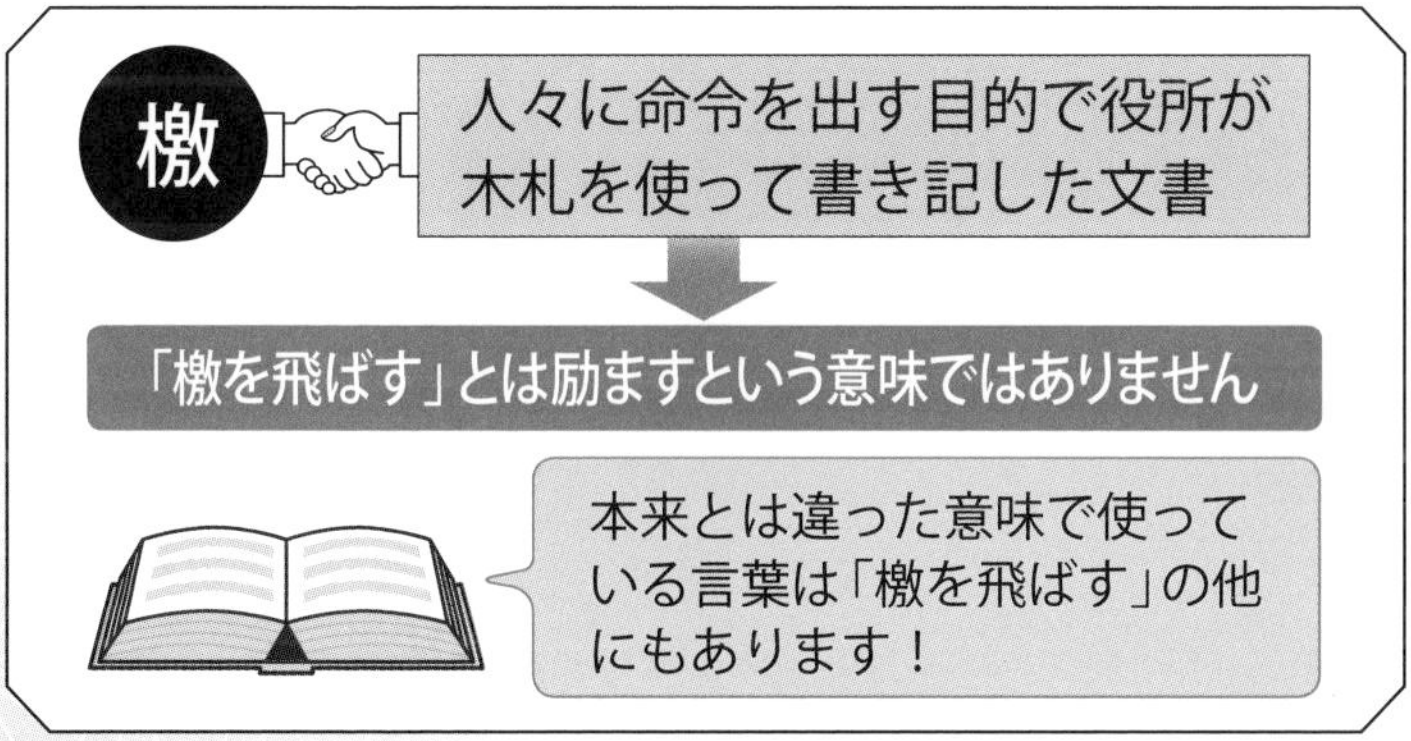
檄
人々に命令を出す目的で役所が木札を使って書き記した文書
「檄を飛ばす」とは励ますという意味ではありません
本来とは違った意味で使っている言葉は「檄を飛ばす」の他にもあります！

「ご指導してください」と使っていませんか？

「ご指導してください」という言い回しは「ご＋指導してください」で尊敬の意が含まれていると思っている人がいますが、実は「ご指導してください」は適切な言い方ではないのです。

「指導してください」に「ご」をつけただけで、まったく敬語的な意味合いがありません。「ご指導いただきたく存じます」「ご指導くださいませ」と言うのが丁寧な言い方となります。

「ご指導ください」でも間違いではありませんが、上司や先輩、目上の人に対してはあまり使わないほうが良いでしょう。

「ご指導願います」も上司などには使わないほうが無難です。「ご指導のほどお願い申し上げます」が丁寧な言い方です。

似たような文言に「ご登録してください」があります。こちらも「ご指導ください」と同様に適切な言い回しではありません。こちらも正しくは「ご登録いただきたく存じます」「ご登録くださいませ」なのです。

ビジネス文書ではちょっとした気配りが、相手に対して良い印象を与えたり、反対に悪い印象を残してしまったりするのです。

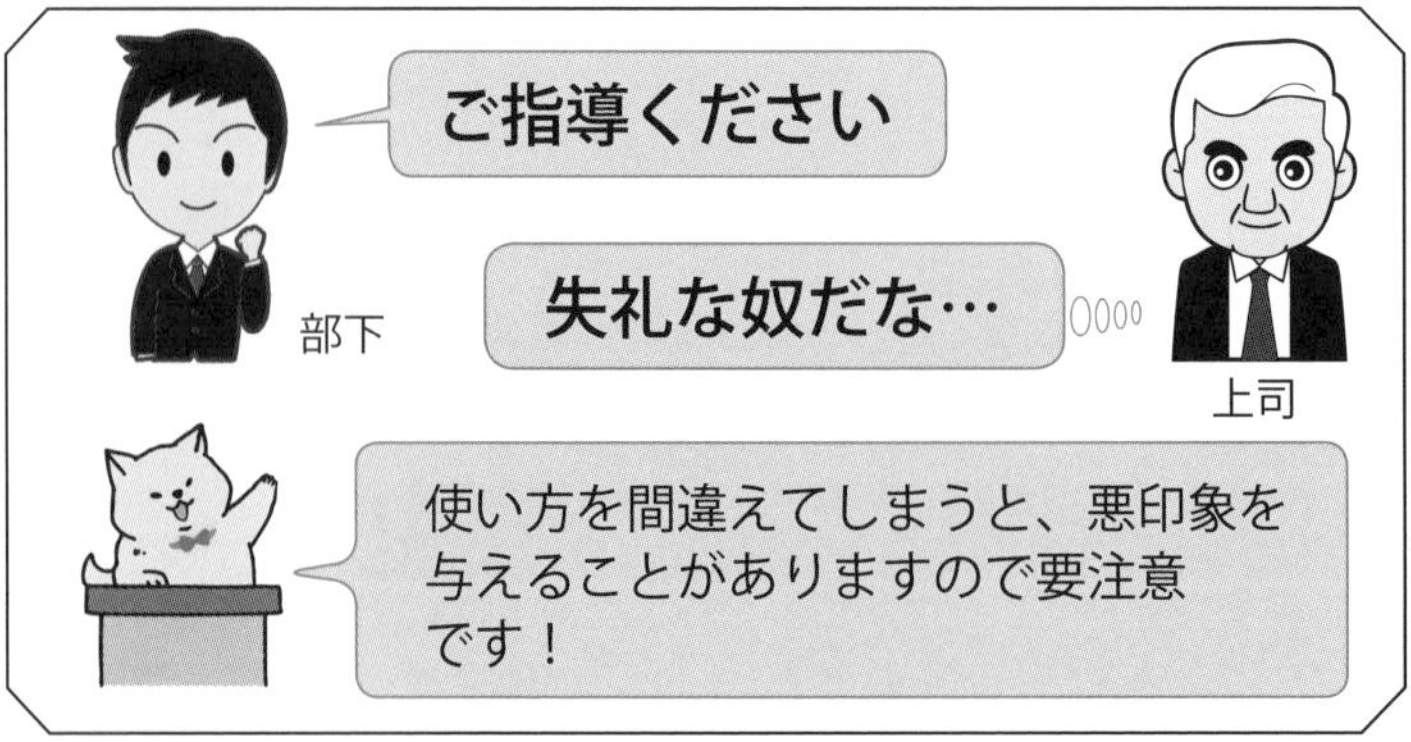
ご指導ください
失礼な奴だな…
部下
上司
使い方を間違えてしまうと、悪印象を与えることがありますので要注意です！

正しい「殿」「様」の使い分け

ビジネス文章や手紙、メールなどを送ったりするとき、封筒やメールの宛名の下に「様」や「殿」を書きますが、どのように使い分けたら良いのでしょうか。送る相手が自分と比較してどのような立場の人間なのかによって、「殿」と「様」は使い分けます。**「様」は自分より目上の人や先輩などに対して書く場合に使用し、「殿」は自分より目下、後輩などに対して書く場合に使用します。**その場合は「様」を使っても間違いではないので、使い方に迷ったら「様」を使うのが無難かもしれません。会社の部署宛に送るときには「様」は使わずに「御中《おんちゅう》」を使います。「御中」は組織や団体名に添える言葉です。「○×商事△部御中　○×様」のように「御中」と「様」は同時に使ってはいけません。二重敬語になってしまうからです。

官庁が作成する公用文では局長名や役職名、個人名など複雑になっていますが、「○×委員会殿」「○×委員会△□委員長殿」というように「殿」を使用するのが一般的になっています。

ちなみに宛名の下に書く「様」ですが、下記のように大きく分けて「永様《えいさま》」「次様《つぎさま》」「水様《みずさま》」と三つの「様」があります。

3パターンの「様」

永様	次様	水様
様	様	様
自分より目上の人	自分と同等か目上の人	一般的な様

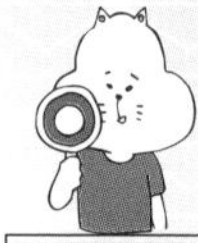

「頂戴いたします」は間違った言い回し？

コンビニやレストランの会計でお金を渡すと「○○円頂戴《ちょうだい》いたします」と言われたことはないでしょうか。**「頂戴いたします」は「もらう」の謙譲語の「頂戴する」と「する」の謙譲語である「いたします」から成り立っています。**すなわち「謙譲語＋謙譲語」の形になってしまい、二重敬語で誤用なのです。「○○円頂戴します」が正しい言い回しなのです。お釣りが発生しない金額を渡された場合では「○○円頂戴いたします」と答えるのは許容範囲ですが、お釣りが発生する場合では「○○円お預かりいたします」というのが適切でしょう。しかし本来は誤用であるにもかかわらず、「名刺を頂戴いたします」のような、敬意を込めたケースで使用するときには問題ないとされています。「いただく」は漢字にすると「戴く」の他に「頂く」とも書きます。「頂く」は何かの行動に対して使う言葉で、「戴く」はモノをもらったときなどに使います。ケーキをもらったときは「ケーキを戴く」、ケーキを食べるときには「ケーキを頂く」となります。**「頂く」は行動に対して使いますが、企画書を読んでもらいたいときなど、目上の人に対して尊敬の意がある場合は「頂く」とは書かず「読んでいただく」としたほうが適切です。**

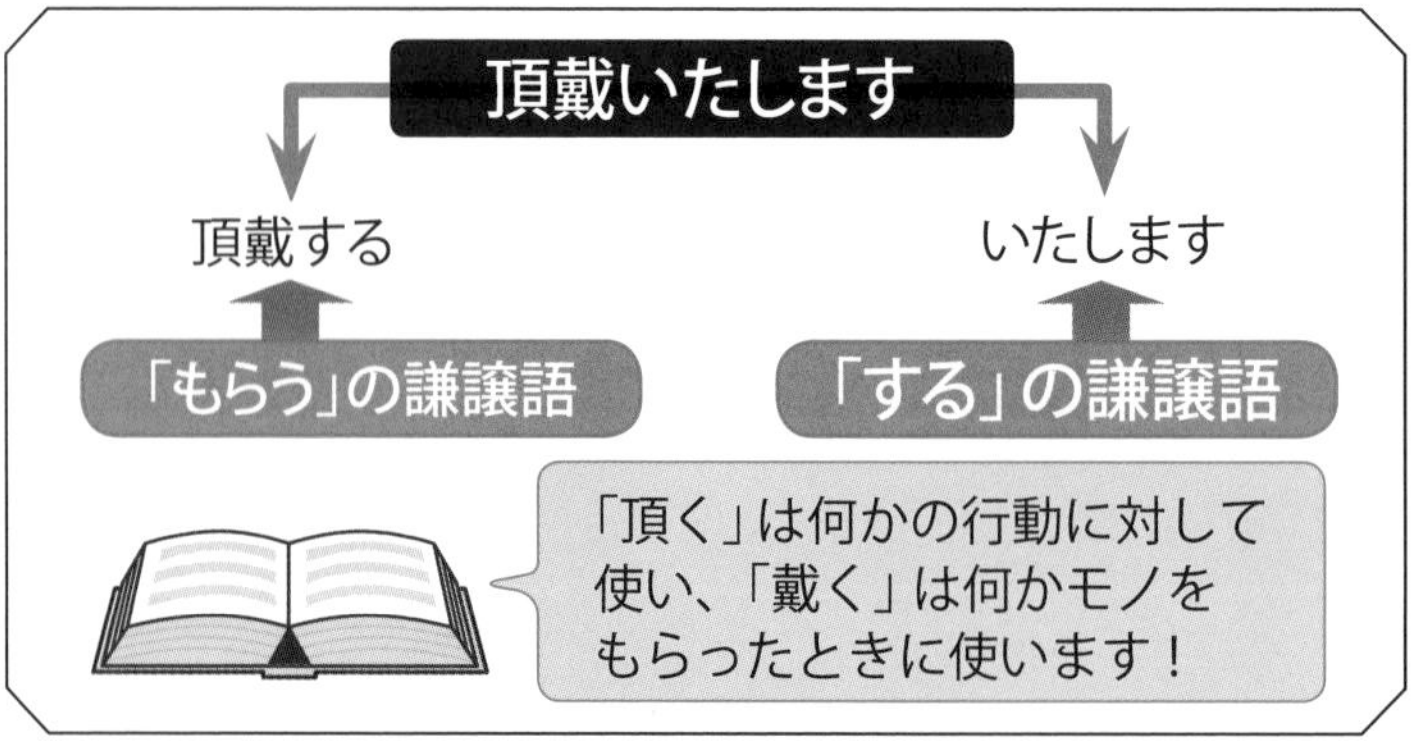
頂戴いたします
頂戴する
いたします
「もらう」の謙譲語
「する」の謙譲語
「頂く」は何かの行動に対して使い、「戴く」は何かモノをもらったときに使います！

「貯金」と「預金」はどう違う？

「預金」も「貯金」もお金を預けるという同じ意味をもちます。このふたつの言葉にはどのような違いがあるのでしょうか。それは金融機関によって呼び方が異なるのです。

銀行や信用金庫などに預けるときには「預金」と呼び、ゆうちょ銀行やJAバンク（農協）などに預けるときには「貯金」と呼ぶのです。通帳の呼び方も前者は「預金通帳」であり、後者は「貯金通帳」となります。

銀行制度がスタートしたのは一八七三（明治六）年のことでした。銀行にお金を預けたのは一般人ではなく、その多くは企業や商人が中心でした。当初銀行は国家が運営しており、第一銀行から第百五十三銀行までありました。ちなみに第一銀行は現・みずほ銀行です。これら国立銀行にお金を預けることを「デポジット＝預金」と読んだのが預金の始まりです。

一方、郵便貯金制度は国家の政策のひとつとして、一八七五（明治八）年からスタートしました。江戸から明治へと時代が変わったとき、**多くの人々には「貯蓄」という考え方がなかったのです。そこで国民に対し、お金を貯めることを推奨する目的で始まったのが「郵便貯金制度」**です。

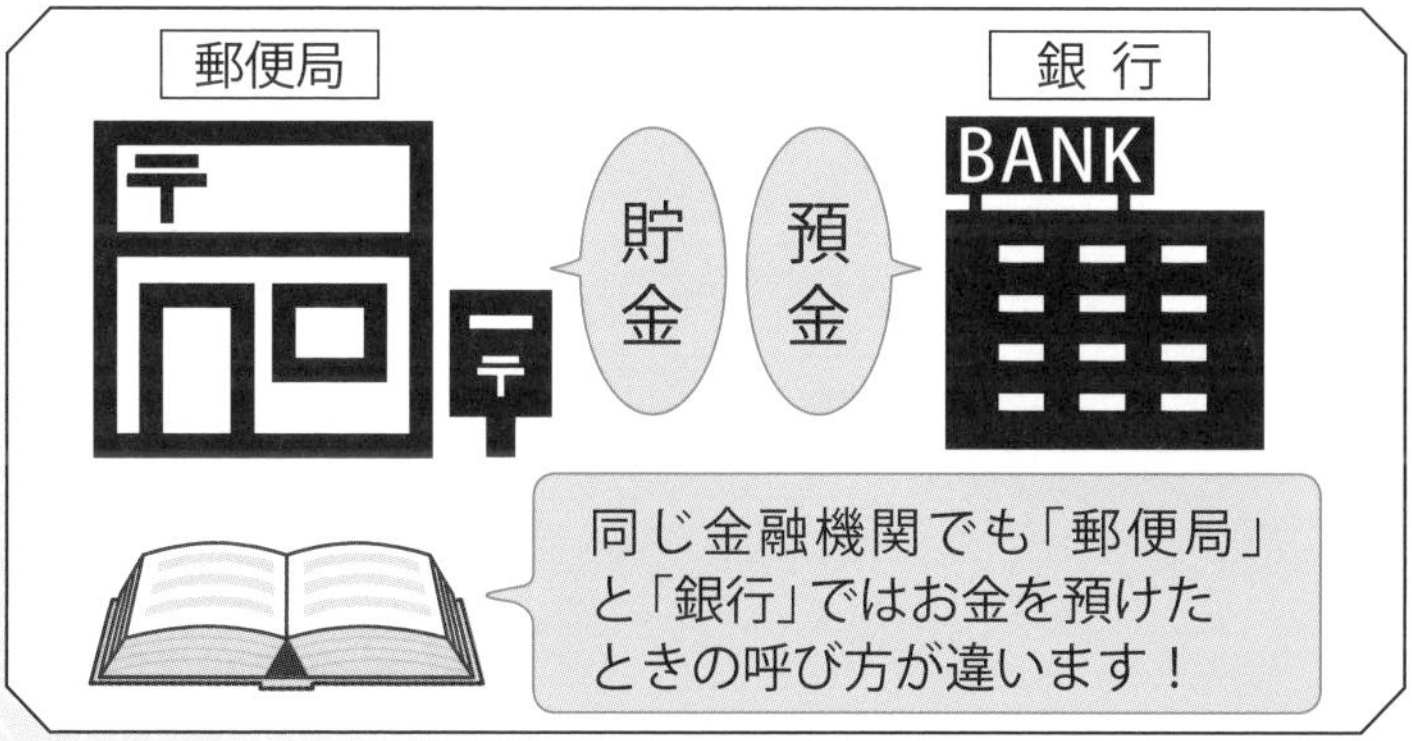
郵便局
銀行
BANK
貯金
預金
同じ金融機関でも「郵便局」と「銀行」ではお金を預けたときの呼び方が違います！

多くの人が間違って読んでしまう漢字

漢字の読み方には、それぞれ「訓読み」と「音読み」があります。訓読みは中国から伝わった漢字の意味を日本語に翻訳したところから生まれた読みで、送り仮名が振られていたり、聞いただけで意味がわかったりすることが多いものです。

音読みは、その漢字が伝わった頃の中国語の発音を元にした読みで、呉音、漢音、唐音《とうおん》（宋音《そうおん》とも）の三種類と、これに属さず日本で広く使われて一般化している「慣用音《かんようおん》」のあわせて四種類があります。日本に入ってきたのは呉音、漢音、唐音の順です。基本となるのは中国の上海、南京周辺の呉地方で使われていた「呉音」と、唐王朝の都・長安（現・中国陝西省西安市）がある漢と呼ばれる地方の発音「漢音」です。

たとえば「明」という漢字の呉音は「ミョウ」、漢音は「メイ」、唐音は「ミン」となります。また、慣用音には、「石高」の「石《せき》」を「こく」、「消耗」の「耗《こう》」を「もう」、「情緒」の「緒《しょ》」を「ちょ」などがあります。

少し前に話題になった「忖度《そんたく》」という言葉は「すんど」と読むのは間違いで、「そんたく」が正解です。しかし、室町時代から江戸時代にかけては「じゅんど」と読ま

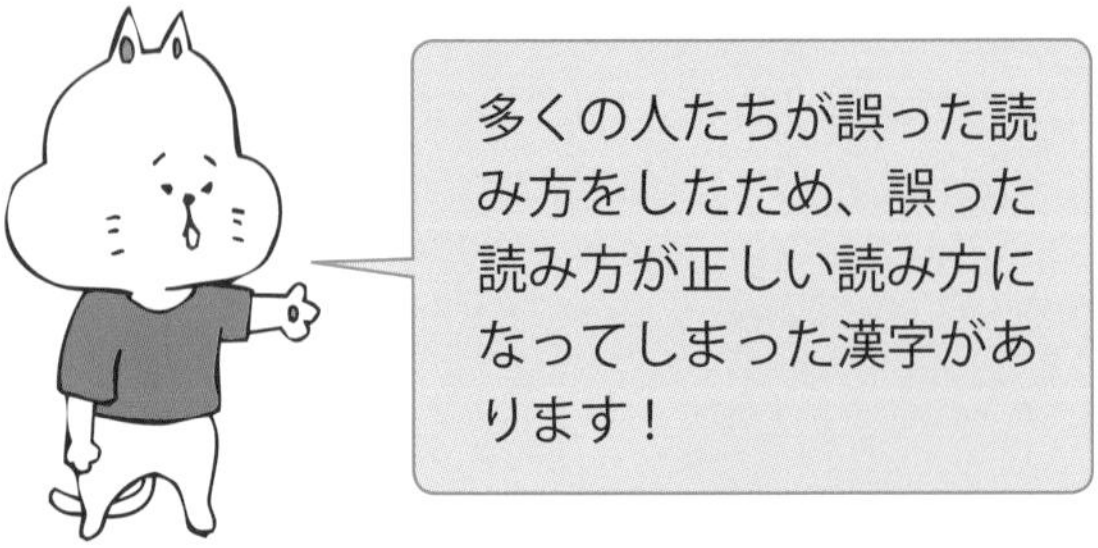
多くの人たちが誤った読み方をしたため、誤った読み方が正しい読み方になってしまった漢字があります！

れてきました。「そんたく」と読まれるようになったのは、明治時代以降でした。どうしてこのようなことになったかというと、**「じゅんど」は呉音、「そんたく」は漢音の読み方だからです。**昔は正しい読み方でも、今は違う読み方になっている言葉があるということを、知っておくのも教養なのではないでしょうか。

また**「重複」の読み方は「ちょうふく」が正しいのですが、「じゅうふく」と読まれることが多いようです。**誤読だったものが広く使われるようになり、早急（さっきゅう→そうきゅう）、相殺（そうさい→そうさつ）、貪欲（とんよく・たんよく→どんよく）など、間違った読み方が一般化したものもあります。

同じ字で何種類も読み方があることから、このようなことが起こるのも日本語の特徴のひとつです。

忖度

室町時代から江戸時代	現在
じゅんど	→ そんたく

間違った読み方が一般化した主な漢字

早急	相殺	貪欲
さっきゅう	そうさい	とんよく・たんよく
↓	↓	↓
そうきゅう	そうさつ	どんよく

間違った読み方が時代とともに正しい読み方になってしまった漢字が数多く存在します。同じ漢字なのに複数の読み方があるのはそのためです！

Column ⑥

「貴社」と「御社」の使い分け

「貴社」や「御社」はどちらも相手の会社を指す尊敬語です。メールや文書でやりとりするときに使うのは「貴社」です（メールや文書では「御社」を使っても問題ありません）。

取り引き先の相手の方と直接会話するときはどうでしょうか。その場合は「貴社」は使わずに「御社」を使います。**つまりメールや文書のような書き言葉では「貴社」「御社」はどちらを使っても問題ありませんが、会話の中で使う話し言葉のときは「御社」のみを使います。**

ちなみに自分の会社は「弊社」あるいは「小社」と言います。また「当社」という言い方もします。この３つの表現は話し言葉でも書き言葉でもどちらに使ってもおかしくありません。しかし「当社」という言い方にはへりくだりの意が含まれていません。また「小社」は、漢字の成り立ちから相手の会社より自分の会社のほうが規模が大きいケースなどは、嫌みに聞こえる場合もあります。**無難な言い方は「弊社」かもしれません。**

95ページで紹介した通り、手紙などの宛名を書く場合は、「御中」を使います。

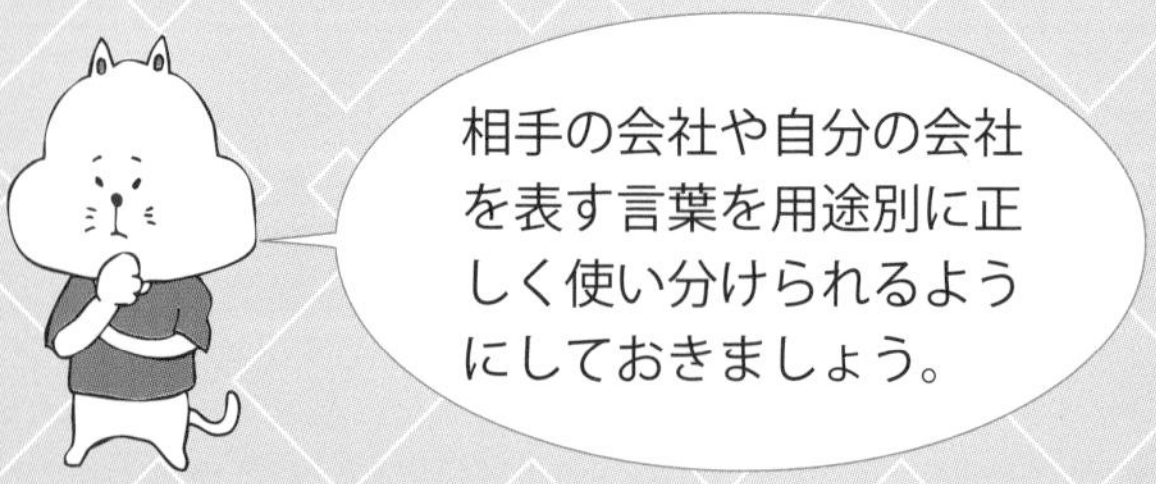
相手の会社や自分の会社を表す言葉を用途別に正しく使い分けられるようにしておきましょう。

第6章
この日本語の違いがわかりますか?

6-1 「ニッポン」「ニホン」どちらが正しい？

ニッポンが最初の呼称

日本の呼称は日本人がつけたものではありません。実は中国、唐王朝の人たちによってつけられたのです。彼らは西暦七〇〇年頃、日本のことを「ニィエット（日）・プアン（本）」と呼んでいました。この言葉を聞いた日本人が「ニィエット・プアン」を「ニッポン」と聞こえたので、日本は「ニッポン」と呼ぶようになったのです。

奈良時代から平安初期時代の日本では、「は・ひ・ふ・へ・ほ」の「は行」は存在していませんでした。その代わり「ぱ・ぴ・ぷ・ぺ・ぽ」という「ぱ行」がありました。室町時代なるとふたつの唇を合わせて「ふぁ・ふぃ・ふぅ・ふぇ・ふぉ」と発音するようになり、江戸時代になるとこれが簡略化され「は行」が登場するようになり、現在私たちが発音している「は・ひ・ふ・へ・ほ」となったのです。

「日本橋」という同じ地名が東京と大阪にあります。東京では「にほんばし」と呼びますが、大阪では「にっぽんばし」と呼びます。大阪を中心とした京都や奈良地方には、もともとは日本の都があったところです。日本の呼び方である、日本を関西の人たちが「にっぽん」と呼ぶのは、もともと日本は「にっぽん」という呼称で伝わった伝統を守り続けているからなのです。東京は江戸時代から発展してきた街です。「ぱ行」が江戸時代になり「は行」として登場した影響を、大きく受けたのが東京です。東京の人たちが「日本橋」を「にほんばし」、「日本」を「にほん」と読んでいるのには理由があり、「ニッポン」「ニホン」はどちらも正しい読み方です。

この違いがわかりますか？

日本の呼称は日本人がつけたものではありません

日本の呼称は中国、唐王朝の人たちがつけました

西暦700年頃

日本のことは「ニィエット（日）」「プァン（本）」と呼んでいました

平安時代 → **江戸時代**

「は・ひ・ふ・へ・ほ」は存在していませんでした

「ぱ・ぴ・ぷ・ぺ・ぽ」は存在していました

江戸時代「は行」が登場しました

東京と大阪に「日本橋」という地名があります。

東京では「にほんばし」、大阪では「にっぽんはし」と同じ漢字なのに読み方は異なるのはそのためです。

ひとくち知識

「特長」と「特徴」はどう使い分ければいいの？

「特長」は「特に目立った良い点」という意味です。「長所」の「長」が含まれていると考えると覚えやすいです。「特徴」は良い点も悪い点も含めて他のものとは違った点を指すような場合に使います。

6-2 信号機の青は緑色なのになぜ「青信号」？

緑でも青と呼ぶ理由とは

私たちがよく目にする信号機。信号機で「青は進んで良し」「赤は止まれ」「黄色は注意」、こんな基本的なことは小学生でも知っている常識です（青は進めではありません）。でもちょっと待ってください。青信号とは呼びますが、よく見ると青ではなく緑ではありませんか？　どうして緑色の信号なのに青信号と呼ぶのでしょうか。**それは日本人の伝統的な色の感覚である「白・黒・赤・青」の四原色と密接な関係があり、緑色に見えるものを「青」と呼ぶ習慣は平安時代前からあったといわれています。**

日本に信号が最初に設置されたのは一九三〇（昭和五）年、東京・日比谷の交差点です。その当時のことを報道した東京朝日新聞には、信号機の三色を「赤・黄・青」と書かれていたという記録もあります。

さて信号機の色の配列ですが、赤が右側にあるのには意味があります。日本車のハンドルは右側にあるため、赤信号も右側にあるほうが見やすいからなのです。また街路樹などの影響を受けづらいという利点もあります。

タテ型の信号機もありますが、これも上のほうが目立ち見やすいからなのです。タテ型の信号機は海外にもありますが、これはジュネーブ条約で取り決められている国際基準でもあります。よく目にするヨコ型の信号機の配列は、日本の「道路交通法施行令三条」で定められています。

信号機のように「緑色」なのに「青」と呼ぶような例は、他にもあります。たとえば「青菜」「青りんご」「青汁」などが挙げられます。

この違いがわかりますか？

青信号 ＝ 進んで良し！

緑色なのに青信号と呼びます

「緑」は古くは「青」の分類に入っていたという説があります

青 ＝ 緑

日本の伝統的な色の感覚である「白・黒・赤・青」の４原色と関係があります！

緑色なのに青と呼ぶもの

青菜

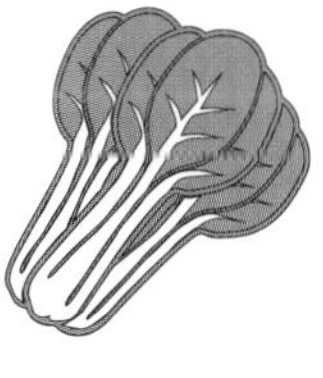

青りんご

青汁

ひとくち知識

「配布」と「配付」ってどう意味が違うの？

「配布」の「布」には、幅広くという意味があることから、多くの人たちに配るときに使います。「配付」の「付」には、「寸」があり、ちょっとだけという意味から特定の人に配るときに使います。

6-3 「安心」と「安全」はどう違うの？

「安」とは穏やかな精神状態

「安」という漢字を分解すると「ウ（うかんむり）」と「女」という字になります。「ウ（うかんむり）」は家という意味があります。**家の中で女性が暮らすさまを表したのが「安」という字です。**

「安」という漢字が完成したのは紀元前一五〇〇年頃の中国、殷《いん》王朝時代と言われています。当時の高貴な女性はあまり外出をしない風習でした。つまり「安」という漢字は、外出しなくても不自由なく女性が暮らしていくという意味があるのです。「安心」は「安」に「心」がつながるのですから、女性が子どもを産み、何の心配もなく暮らしていける穏やかな精神状態にいることを意味します。

「安全」の「全」はすべてという意味があります。女性が穏やかな生活を続けられる、すべての状態を意味するのです。言い換えれば、心の「状況」を指すのが「安心」であり、具体的な「環境」を指すのが「安全」なのです。

「絶体」と「絶対」という漢字についてもふれてみましょう。「絶対」とは「相対」の反対語です。「他に比較や対立するものがない」「他から何も制限や制約されるものがない」という意味があります。「絶対にできる」「絶対許さない」「絶対的な存在」というように使います。**「絶体」のほうですが、こちらは単独で「絶体」とは使いません。「絶体絶命」という四字熟語でのみ使われます。**

ちなみに「絶体」という言葉は九星占いで凶を示す星からきています。「絶体絶命」は最悪の状況、極限状態を表します。

この違いがわかりますか?

安

ウ(うかんむり)
家という意味があります

女
女性を指します

家の中で女性が暮らす様子を表しています

安心
[心の状態を指します]

安全
[具体的な環境を指します]

漢字それぞれの意味や漢字を分解し、
それぞれがどのような意味をもつのかを
調べていくと言葉の意味が理解できます。

ひとくち知識

「一寸先は闇」という言葉の意味を知ってますか

「一寸先は闇」とは、嫌なことが起きたときに使われる言い回しです。「お先真っ暗」と思い込んでいる人がいますが、本来は「先のことはまったくわからない」という意味です。

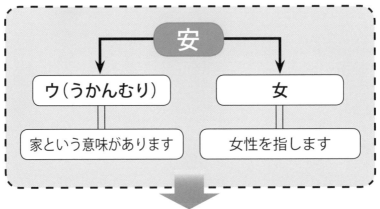

6-4 太平洋は「太」大西洋は「大」なのはなぜ？

太平洋は泰平の海のことです

　世界地図を見ると「太平洋」と「大西洋」という海があることがわかります。同じ海なのに「太平洋」の「たい」は「太」という漢字を書きますが、大西洋の「たい」は「大」と書きます。この違いはどこにあるのでしょうか。「太平洋」と「大西洋」という言葉は江戸時代末期から明治時代初期頃に登場した言葉です。太平洋を英語で表すと「Pacific Ocean（パシフィック・オーシャン）」です。この言葉の綴りをよく見ますと、平和の語源であるラテン語の「Pace（パーチェ）」という語が含まれています。**つまり「Pacific Ocean（パシフィック・オーシャン）」は「泰平（太平）の海」という解釈で名づけられたのです。**そこから太平洋の「たい」は「太」と書くのです。もうひとつ太平洋の「たい」を「太」と書く理由があります。十六世紀始め、探検家のマゼランが世界一周に成功したときのことです。彼は太平洋のことを「Mare Pacificum」と呼びました。**ラテン語で「Mare」は「海」、「Pacificum」は「太平・泰平」を意味しています。**ここからも太平洋の「たい」を「太」と書く理由が理解できます。

　江戸末期に太平洋は「泰平洋」や「太平海」と呼ばれていたという記録が残っています。明治時代になり、一八七三（明治六）年、文部省（現在の文部科学省）の指示で編纂された『地理初歩』に現在の「太平洋」と呼ぶとの記述があり「太平洋」が定着していくことになりました。**「大西洋」はシンプルに「西の大洋」と呼ばれており、「大洋」の「大」から「大西洋」と書くようになったのです。**

この違いがわかりますか？
太平洋
太
大西洋
大
太平洋
Pacific Ocean（パシフィック・オーシャン）
「泰平（太平）の海」という解釈で名づけられました
マゼランが太平洋のことを「Mare Pacificum（太平・泰平）の海）」と呼んだことから「太平洋」と名づけられたという説もあります。
大西洋
西の大洋
大洋の大から大西洋と書く

ひとくち知識

「キモい」という漢字を書けますか？

目で見て苦々しいさまを「キモい」と表現することから、2009年に「瞔い」という漢字が誕生しました。日本で生まれた和製漢字（国字）には「畑」「峠」「榊《さかき》」などがあります。

6-5 「戦術」と「戦略」ってどこが違うの？

目的達成のために必要な要素

ビジネスの世界でよく使われる「戦術」や「戦略」という言葉は、「戦い方」というようなイメージを抱くことはできますが、具体的にどう違うか明確に説明するとなると難しいものです。

「戦略」とはある特定の目的を達成するための方向性やプランを指す言葉であり、「戦術」とはある特定の目的を達成するためにはどのようにすればいいか、その手段を指す言葉となります。

わかりやすく言い換えれば、「戦略」は長期的な展望を視野に入れ、成功するためにどのような方策を立てればいいか、設計図のようなものです。「戦術」は、成功するための方策を遂行するためには、どのような方法があるか、その方法論を指します。一般的な会社でたとえるならば、「戦略」を立案するのが社長、役員、さらには所属部長であり、社員は示された「戦術」に従い、目標達成へ向かっていくという図式、「戦略＝道筋＆設計図」「戦術＝手段」というような感じでしょう。

「経営戦略会議」と銘打って会議をしている会社があるかと思いますが、「戦略」にはこのような意味があったのです。目的を達成させるためには「戦略」と「戦術」は両方ともに大切です。どんなに立派な「戦略」でも「戦術」がなければ目的は達成できません。反対に優れた「戦術」があっても、具体的な戦略、道筋＆設計図がなければ、その「戦術」は効果を発揮できません。

もともと「戦略」や「戦術」は戦国時代において、軍事用語として使用されていた言葉です。

この違いがわかりますか？

戦　略

目的を達成するための方向性やプランの意味

戦　術

特定の目的を達成するための手段

戦略は「設計図」のようなもの

戦術は「方法論」のようなもの

社長・役員・部長が立案

一般社員が目的に向かって遂行

目的を達成させるためには「戦略」が必要であり、それを達成する「戦術」も重要です。どちらが欠けても目的は達成できません。

ひとくち知識

「つかぬこと」とは「関係ないこと」です

会話の途中で「つかぬこと」という表現を使いますが、「つかぬこと」とは「関係ない」という意味があります。つまり、これまでの話の流れとは直接関係のないときに使います。

6-6 「参列」と「列席」の違いはどこですか？

視点によって違いが出てくる

結婚式などの式典に出席するときよく耳にする「参列」と「列席」という言葉ですが、どちらも式典に出席する意味として使われます。さてこのふたつの言葉にはどんな違いがあるのでしょうか。

視点の違いによって区別する考え方があります。「参列」は出席者、すなわち参加者からの視点で使われる言葉であり、「列席」が式典の主催者からの視点で使われる言葉という解釈です。それによると、主催者からのスピーチでは「ご列席の皆様の～」というような感じで使います。

式典の内容によって使い分けるという意見もあります。結婚式のようなおめでたい席の場合は「列席」、葬儀やお別れ会のような悲しい席では「参列」といった具合です。そのため、結婚式のようなおめでた席で招待者の立場である、来賓者の挨拶で「ご列席の皆様の～」と「列席」を使う場合が多いのです。

「参列」や「列席」と同じような意味をもつ言葉に「臨席」があります。もともと「臨席」は皇族や高貴な方に対して使われていましたが、最近では目上の人に対して使う言葉になっています。

さて「世論」という漢字ですが、これは「よろん」「せろん」とふた通り読み方があります。「よろん」は**もともとは「輿論」と書きました。「輿」は神輿《みこし》です。担がれるという意味から、民衆の意見がある程度集約された意見という意味になります。**一方「せろん」は好き勝手に色々な意見を言うさまを指します。ちなみにパソコンで「よろん」「せろん」を入力するとどちらも「世論」と出てきます。

この違いがわかりますか?

参列 ← 出席者からの視点で使い分けていく

列席 ← 主催者からの視点で使い分けていく

式典の内容によって使い分ける方法

- 列席 → 結婚式のような祝事の席の場合
- 参列 → 葬儀のような悲しい席の場合

「参列」や「列席」と同じような意味をもつ言葉に「臨席」があります。今では「臨席」は目上の人に対して使っています。

ひとくち知識

「ご存じ」と「ご存知」はどちらが正しい?

文化庁の資料によると「ご存じ」は「存じ」に敬意を表す「ご」がついたもので、通常は「ご存じ」と書きますと記されています。ゆえに新聞や放送では「ご存じ」を使っています。

6-7 「一生懸命」と「一所懸命」ってどっちが正しい？

どちらも頑張り抜くという意味

何かの目的に向かって全力で取り組むさまを、「一生懸命」や「一所懸命」と表現しますが、どう違うのでしょうか。**このふたつの言葉の読み方は「一生懸命＝いっしょうけんめい」、「一所懸命＝いっしょけんめい」です。**

「一所懸命」の「一所」とはひとつの所という意味があります。戦国時代の武士が「土地を守る」ことからきています。

命がけで領地、すなわち一か所の土地を守り抜くことを意味してるのです。そこから「力の限り、自分のできる限り、頑張り抜く」という意味で使われるようになりました。「一生懸命」はこの「一所懸命」という言葉が変化してできた言葉です。

ＮＨＫ放送文化研究所のサイトをみると、「一生懸命」と「一所懸命」について『多くの辞書が今でも両方の見出し語として載せていますが、新聞社や雑誌社では、外部からの寄稿などを除いて「一生懸命」に統一しているところが多いようです。放送でも「一生懸命」を使っています』というように書かれていました。

一時期、「一生懸命」は誤用で「一所懸命」が正しい用法であると言われていた頃もありましたが、現在ではどちらも正しいとされています。一生を懸けて何かに取り組むという意味を込め、現在ではＮＨＫ放送文化研究所のサイトに書かれているように「一生懸命」を使う傾向にあります。言葉のルーツを知っておけば、「一生懸命」と「一所懸命」の違いは簡単に説明することができるのです。

この違いがわかりますか？

戦国時代の武将が自分の
土地を守り抜くことを指す

一所懸命

命をかけて領地を守り抜くことを意味します

力の限り、自分のできる限り頑張り抜く

「一所懸命」という言葉が変化
したものが「一生懸命」です！

一所懸命 ⇒ 一生懸命

一時期「一生懸命」は誤用で「一所懸命」
が正しいとされていた頃がありましたが、
現在ではどちらも正しいとされています。

ひとくち知識

約7割の人が勘違いしている「憮然《ぶぜん》とした態度」

「憮然とした態度」という意味を多くの人は「怒っている態度」と思い込んでいますが、「憮然とした態度」とは「失望してしまい、ぼんやりしている様子」という意味なのです。

6-8 「魚介類」と「魚貝類」ってどう違うの？

「介」は甲殻類という意味です

「魚介類」の「介」は「介護・介錯・介抱」という言葉があるように、何かの手助けをするという意味があります。それが転じて「外が固い」という意味をもつようになり、「魚介類」の「介」はカニやエビのような甲殻類《こうかくるい》を指すようになりました。現在ではさらに広義な意味で**「魚介類」はイカやタコのような軟体類、アワビやサザエのような貝類など、海産物全般を指す言葉となっています。**

一方**「魚貝類」ですが、こちらは「貝」という漢字が示すとおり貝類を指します。**すなわち「魚貝類」は魚全般に加え貝類を指し、カニやエビ、イカ、タコのような海産物は含まない言葉なのです。ちなみにこの「魚貝類」ですが、「ぎょかいるい」と読むと、「ぎょ」は音読みで「かい」は訓読みです。すなわち「音読み＋訓読み」となり、「重箱読み」となってしまうので適切な読み方ではありません。「ぎょばいるい」と読むのが正しいのです。つまり「魚貝類」はマグロやカツオのような魚全般に加え、貝類を意味する言葉であり、「魚介類」は海産物全般を指す言葉なのです。

もうひとつに似たような意味をもつ言葉を紹介しましょう。「元旦」と「元日」です。**「元旦」の「旦」の字は、地平線から太陽が昇るさまを表し、厳密には朝を指します。**一方、「元日」は一月一日のことです。ですから「元旦の朝」は「朝の朝」という意味になってしまうので、「元日の朝」と言う表現が適切でしょう。しかし深く考えず、一月一日のことを「元旦」や「元日」と使っているのが現状なのです。

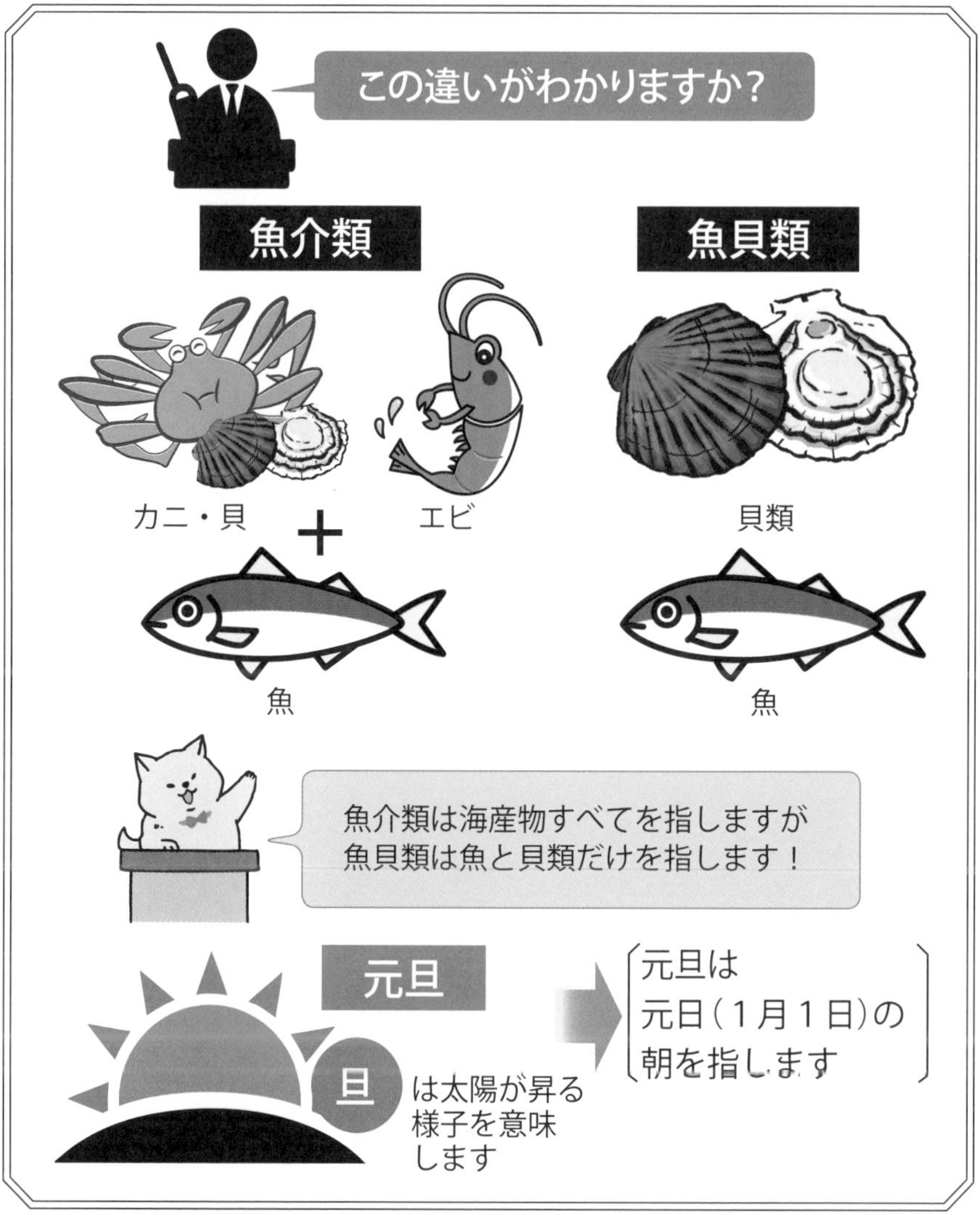

この違いがわかりますか？
魚介類
カニ・貝
エビ
＋
魚
魚貝類
貝類
魚
魚介類は海産物すべてを指しますが
魚貝類は魚と貝類だけを指します！
元旦
旦
は太陽が昇る
様子を意味
します
元旦は
元日（1月1日）の
朝を指します

ひとくち知識

「雨模様」はまだ雨が降っていません

「雨模様」とは今にも雨が降り出しそうな様子を指す言葉です。雨がシトシト降っている様子を「雨模様」と勘違いしている人が意外と多いものです。

モノの数え方には約五〇〇種類ある

人間は一人、二人、犬は一匹、二匹、紙は一枚、二枚など、日本語のモノの数の数え方には、なんと五〇〇もの種類があります。このような言葉を「助数詞」と言います。接尾語のひとつで、数量を表す語につけて、どのようなものの数量であるかを示したものです。**数えるものによって助数詞がこんなにあるのは、外国では例がありません。このことからも日本語の多様性と繊細さがわかるのではないでしょうか。**

「素戔嗚尊《すさのおのみこと》」「天照大神《あまてらすおおみかみ》」など、神様を数えるときにはひとり、ふたりではなく、「一《いち》柱《はしら》、二柱《ふたはしら》」といったように「柱」という助数詞をつけます。一説には、「柱」という字は「木」と「主」からできていて、「主」は「そこにじっと立っている、支える」という意味です。『古事記』や『万葉集』の時代から、日本では樹木に神様が宿ると考えられていたことから、「柱」と数えることになったという説があります。

犬や猫、昆虫、魚などの生き物を数えるときは、一匹、二匹が多く使われます。エビやカエルなど爬虫類や両生類にも「匹」をつけます。一方、牛や馬などの動物の多くは一頭、二頭と数えます。この違いはなんでしょう？「頭」は明治時代以降に使

日本人にとってはモノによって数え方が異なるのは常識ですが、外国人には不思議な言葉に感じるようです。

われるようになった助数詞で、西洋人が馬を数える際、「head＝頭」の数を数えていたのをまねて、大型の動物を数えるときに使うようになったと言われています。

では、蝶々の数え方をご存じですか？　蝶も「頭」と数えます。理由には諸説あります。ひとつは西洋の動物園では珍しい蝶を飼育して展示したことから蝶も「head」で数えるようになり、昆虫学者達も論文などで「head」を使ったことが日本に伝わったという説です。

他には蝶の標本は頭部が切断されていないことが重要視されるという理由や、昆虫採集はもともと狩猟の一種として考えられていたため獲物は動物と同じ数え方をする、といった説があります。

助数詞を見ればどんなものを数えているのかがわかって、興味深いのではないでしょうか。

人間
犬
紙
一人　二人…
一匹　二匹…
一枚　二枚…
「人」「匹」「枚」を「助数詞」と呼びます
数えるものによって助数詞が数多く存在するのは、日本独特のものです。
外国では例がありません！

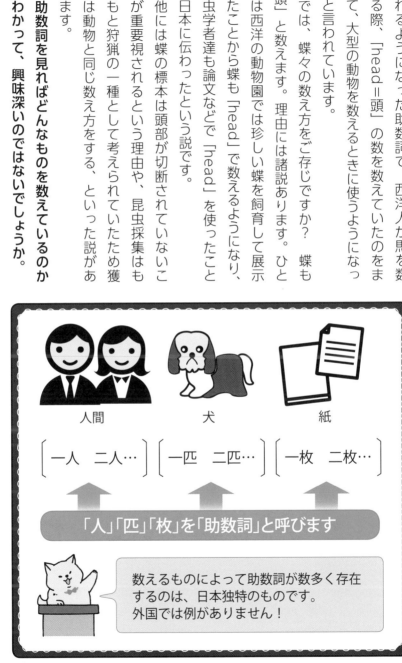

Column ⑦

ドアノック2回はトイレのノック？

日常生活では色々なシチュエーションでドアのノックをする場面があると思います。ドアのノックの回数ですが、回数によって意味があるのです。

欧米ではノック２回は「トイレノック」とされています。３回は親しい間柄の家などに招かれたときに叩く回数とされています。正式なマナーでは４回と言われています。

しかし、いくら正式マナーのドアノックの回数が４回と言われても、実社会で４回もノックをすると相手にあまりいい印象を与えない場合もあります。ビジネスシーンでは３回叩くのが無難ではないかという意見もあります。

扉が少し空いている場合もあるかもしれません。そのような場合でもノックをするのはマナーです。ノックは「これから入室しても良いでしょうか？」という合図でもあるからです。またノックをすればすぐに入室しても良いというわけではありません。「どうぞ」と相手の方から合図があってから入室するのがマナーです。現実にノックの回数で苦言を言われるケースは少ないですが、知っておいて損はありません。

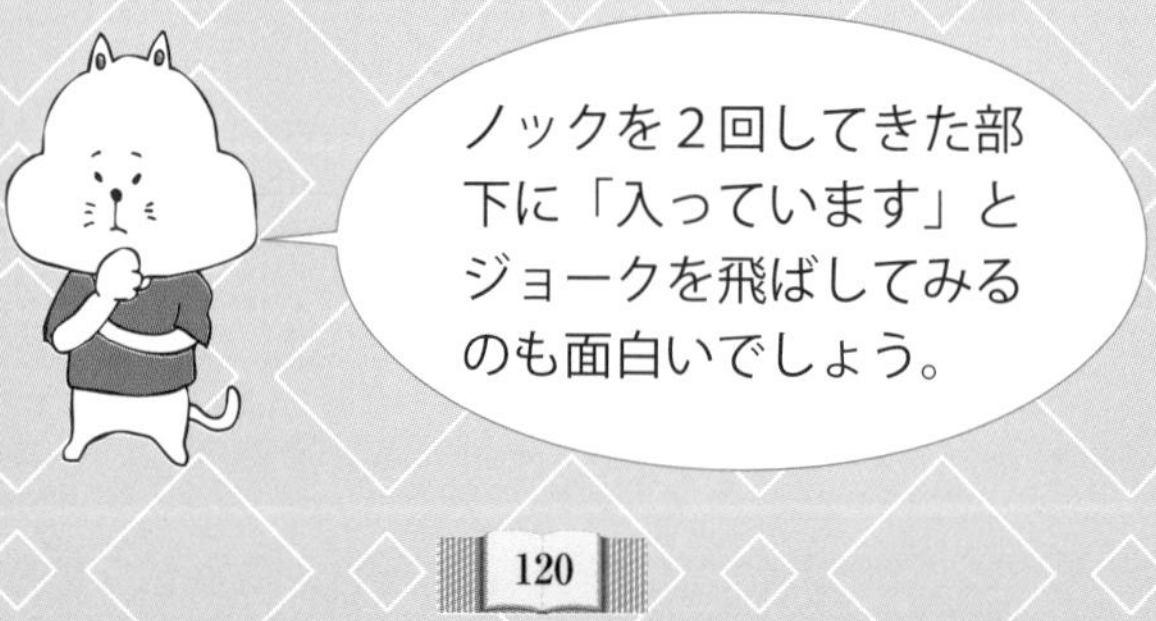
ノックを２回してきた部下に「入っています」とジョークを飛ばしてみるのも面白いでしょう。

エピローグ

正しい？ 間違い？ 日本語は楽しい

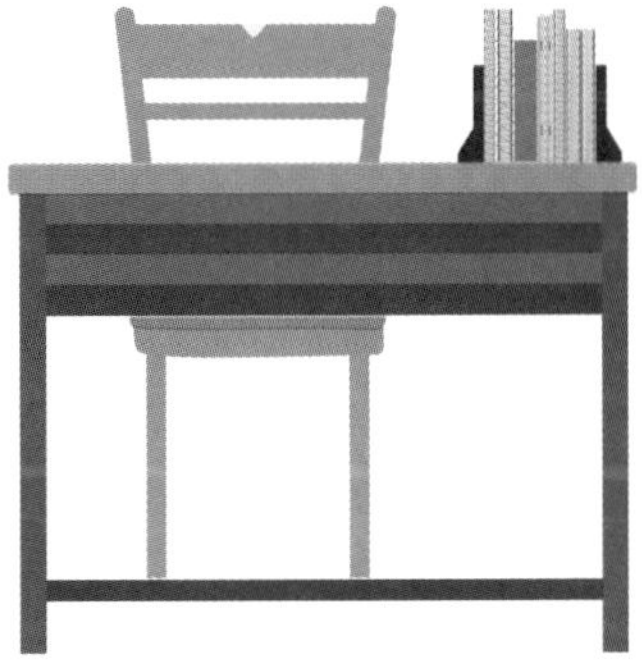

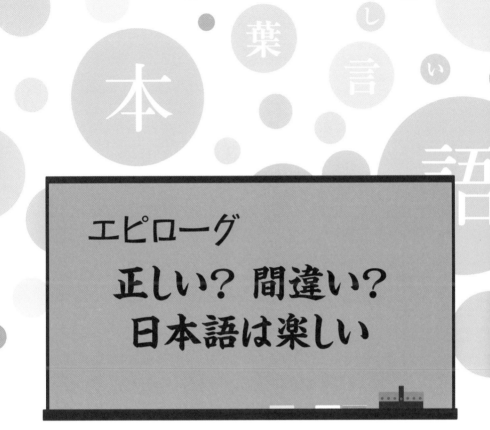

「マジ」は一度消えて再び流行した言葉

二〇一八(平成三〇)年一月、十年ぶりに大改訂された『広辞苑　第七版』が刊行され、話題となりました。

日本語として定着した言葉や、定着すると考えられる言葉を選んで、新しく加わった言葉は約一万語にも上るそうです。

その中には「朝ドラ」「ごち」「メアド」「コスプレ」といった略語や、「いらっと」「がっつり」「ちゃらい」などの若者言葉も含まれています。さらに「口パク」「無茶振り」「スピンオフ」などテレビ業界などで使われていた言葉も入っています。少し前であれば、言葉の乱れとして、言い直すように注意された言葉もあります。

一時期、「ら抜き言葉」が問題視されましたが、今では誰も注意しません。一方で、「マジ」「へこむ」などは、若者言葉かと思いきや、江戸時代から使われている言葉です。

言葉は生き物なのです。**このように新しい言葉はどんどん生み出され、定着するのです。そして、定着したと思っていても、だんだん使われなくなった言葉は、忘れられ、文字通り「死語」となってしまいます。**

略　語	若者言葉	業界用語
朝ドラ ごち メアド コスプレ	いらっと がっつり ちゃらい	口パク 無茶振り スピンオフ

新しい言葉は次から次へと生まれ
時間とともに定着したり消えたりします！

このような〝新陳代謝〟が行われることによって、言葉は生き続けるのでしょう。また、生き続けている言葉でも誤用されたり、その誤用がそのまま使われたりと、意味や読み方が変化していったものもあるということも、面白いものです。

「マジ」という言葉についてもう少し紹介しましょう。「マジ」は広辞苑にも載っている言葉です。**「真面目《まじめ》」という言葉の省略形ですが、一七五〇年頃から使われていたと言われています。「マジ？」は、すぐには信じられない話などを聞いた際、本当かどうか聞き返すときに「本当？」「ウソ～！」という意味で使われますが、一九六〇（昭和四〇）年頃は「本当？」が流行し、一九七〇（昭和五〇）年頃になると「ウソ～！」が流行ります。**

「マジ」は言葉としてはその間も存在していましたが、ずっと使われずにいて、二〇〇〇（平成一二）年以降になってからテレビで流行り、急に復活して使われ出したのです。

今では若者だけでなく、大人も使うようになっています。

また、「真面目に勉強しています」というのも「マジに勉強しています」と言います。これは副詞的用法として使っています。「マジヤバ」「マジギレ」というような言い方もしますが、この場合の「マジ」は接頭語としての役割

マジ  真面目という言葉の省略形

1750年頃に登場した「マジ」ですが一時あまり使用されなくなり1960年頃には「本当？」1970年頃には「ウソ～」が流行。「マジ」は2000年頃からまた使う人が増えてきました。

「マジ」は270年前に生まれ、一度は消えかかった言葉ですがいまでは復活して多くの人に使われています！

を果たしています。「本当」や「ウソ」は副詞にも接頭語にもなり得ませんが、「マジ」は非常に便利な言葉だったと思います。二七〇年も前に始まって、現在でも元気に生きている言葉なのです。一度消えかかった言葉が復活するという、面白い例です。

漢字は間違いだけれど意味は正しい「家宝は寝て待て」

本書でもいくつか紹介しましたが、諺の間違いはまだまだたくさんあります。「果報は寝て待て」を「家宝は寝て待て」と書き間違える人も多いと思います。

もともとは仏教用語で、前世で行った結果が現世でどのように報《むく》いられるか、ということなのです。前世で悪い行いをしたら現世で悪いことが起こり、前世で良い行いをしたら現世で良いことが起こる、ということでした。ところが十三世紀、『平家物語』が書かれた頃、「果報」は、「幸運」「お金持ち」を表す言葉として使われています。江戸時代に入る十六〜十七世紀にかけて、だんだん前世と現世という意識がなくなってしまい、幸運やお金持ちになるという意味で使われるようになっていきました。そうすると「家宝」と書い

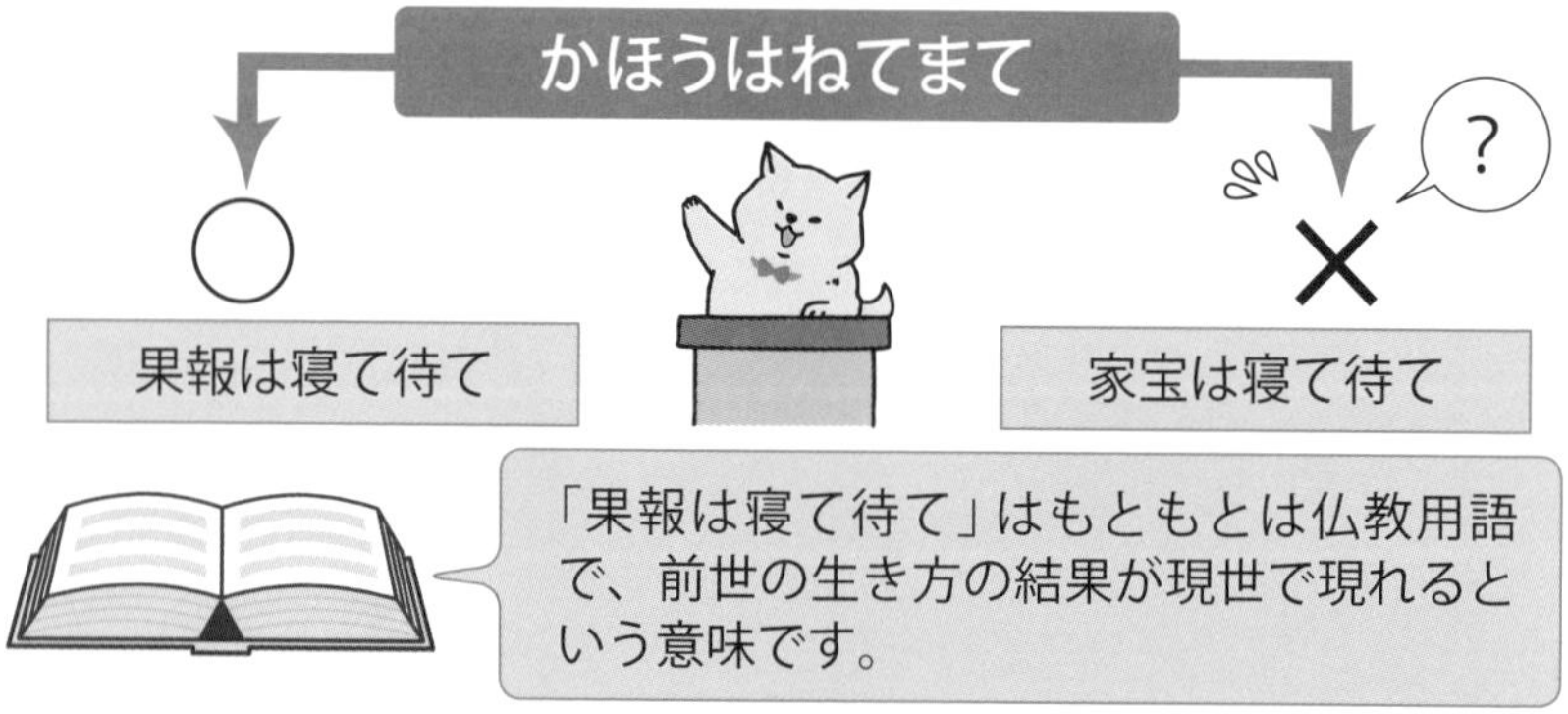

かほうはねてまて
?
果報は寝て待て
家宝は寝て待て
「果報は寝て待て」はもともとは仏教用語で、前世の生き方の結果が現世で現れるという意味です。

てもおかしくないのでは、という意識になってきます。

「幸運は自然にやってくるものなのだから、あんまり焦らないで、がんばらなくてもいいよ」という意味で使われるようになっていきました。実はこの言葉には続きがあります。

「天道は人をころさずといふ」と江戸時代には言っていました。「お天道様は決して人を見放さないのだから」という意味です。

このように日本語は面白いエピソードがたくさんあります。本来の意味を知った上で、さらにこのように変化の過程を知ることも大きな楽しみです。

時代とともに言葉は変化していきます。日本に漢字が中国から伝わり、ひらがなやカタカナが登場しました。長い年月を経て今、私たちが毎日のように使っている日本語が徐々に完成してきたのです。そして今でも日本語は変化を続けているのです。多くの人たちが間違った使い方をしていると、誤用が誤用でなくなってしまうのも、言葉が変化し続けるというひとつの例でしょう。

本書で紹介したように、日本語には面白いエピソードがたくさんあります。本来の意味を知った上で、さらに言葉の変化の過程を知ることも大きな楽しみではないでしょうか。

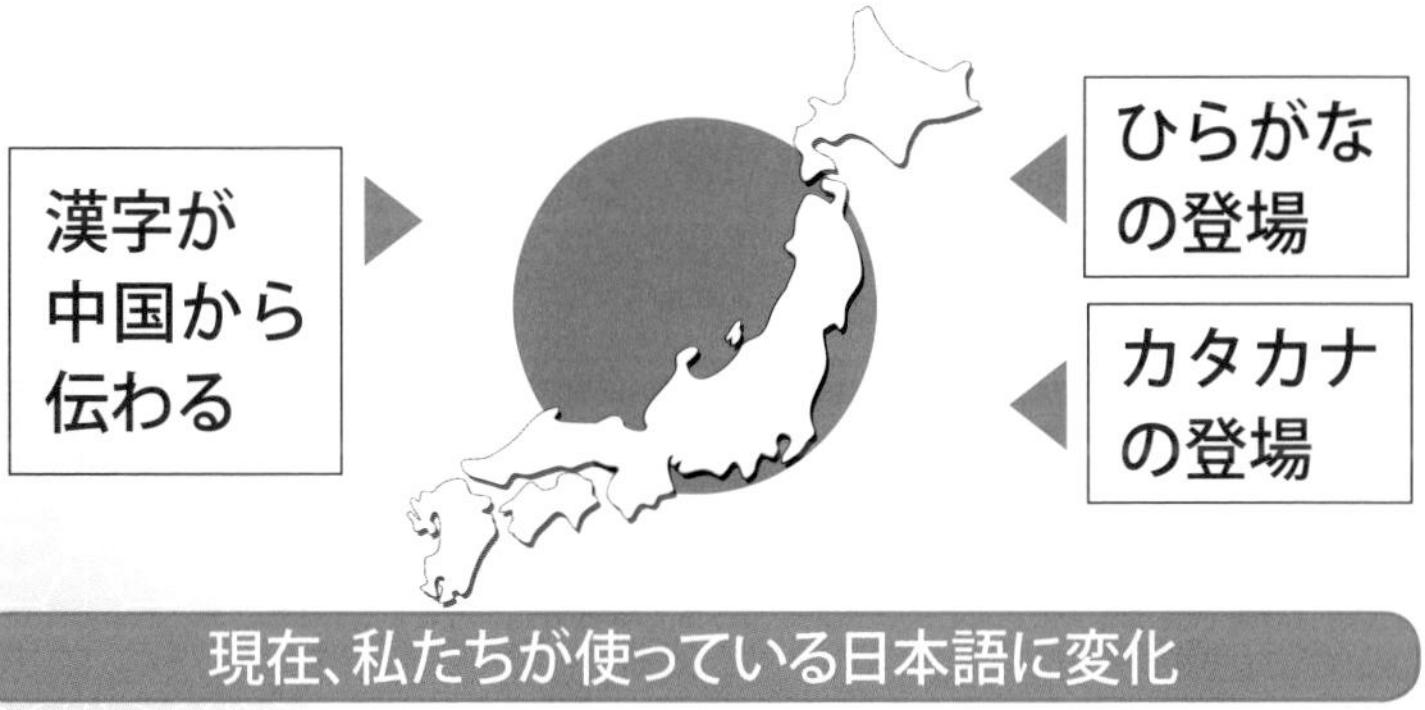
漢字が中国から伝わる
ひらがなの登場
カタカナの登場
現在、私たちが使っている日本語に変化

Column ⑧

「雑炊」と「おじや」って違いがあるの？

「雑炊《ぞうすい》」は「雑炊」という漢字のイメージから、色々なものを炊いて食べるもの、鍋の最後に残った汁にご飯を入れて食べるものであると思っている人がいます。確かにその通りですが、**「雑炊」はもともとは「増水」と書いていました。**ごはんに水を加えて炊いたものを呼びました。その後、色々な具材を入れるようになり「雑炊」と呼ぶようになったのです。室町時代までさかのぼると、**「増水」とは主に男性が使っている言葉でした。**

「おじや」の語源は、宮中に使える女房たちが使っていた言葉と言われています。「おじや」の「じゃ」は鍋でグツグツ煮込まれている音が「ジャジャ」と聞こえていたさまを言います。「おじや」のように宮中に使える女房たちが使っていた言葉を「女房言葉」と呼びます。

女房言葉には「おじや」の他に「おみおつけ」「おでん」「おむすび」「おはぎ」などがあります。すなわち「おじや」は女性言葉なのです。

「雑炊」と「おじや」との大きな違いは「雑炊」は男性が使う言葉であるのに対し、「おじや」は女性が使う言葉だったのです。

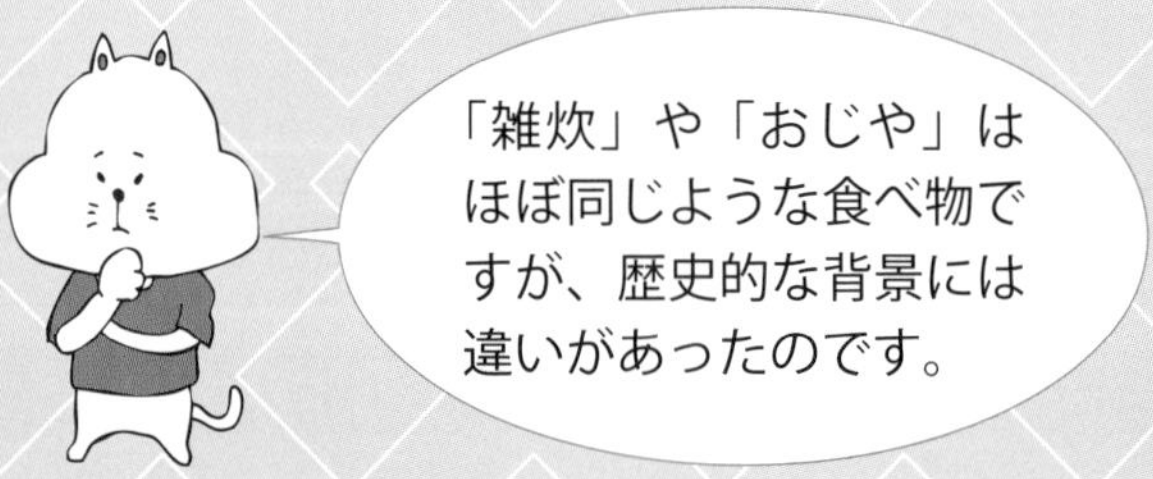
「雑炊」や「おじや」はほぼ同じような食べ物ですが、歴史的な背景には違いがあったのです。

参考文献

- ＜ひらがな＞の誕生（山口謠司・著／KADOKAWA）
- カタカナの正体（山口謠司・著／河出書房新社）
- 漢字はすごい！（山口謠司・著／講談社）
- 日本人が忘れてしまった日本語の謎（山口謠司・著／三笠書房）
- 失敗しない無敵の語彙大全（山口謠司・著／PHP研究所）
- ここが肝心！ 語彙力のヘソ（山口謠司・著／徳間書店）
- 日本語の奇跡＜アイウエオ＞と＜いろは＞の発明（山口謠司・著／新潮社）
- 面白いほどよくわかる漢字（山口謠司・編著／日本文芸社）
- 孫にそっと教えたい 日本の美しい言葉としきたり（山口謠司・監修／徳間書店）
- 敬語これだけBOOK（唐沢明・著／成甲書房）
- 言えないと恥ずかしい敬語200（敬語の基本研究会／彩図社）
- 頭がいい人の敬語の使い方（本郷陽二・監修／日本文芸社）
- すべらない敬語（梶原しげる・著／新潮社）
- これでカンペキ！ マンガで覚える敬語（齊藤孝・著／岩崎書店）
- スラスラ話せる敬語入門（渡辺由佳・著／かんき出版）
- 失礼な敬語（野口恵子・著／光文社）
- 学研 漢和大字典（藤堂明保・編／学習研究社）
- 漢字伝来（大島正二・著／岩波書店）
- 図説 漢字の歴史（阿辻哲次・著／大修館書店）

- WEB関連　各項目関連サイト

※本書「第２章・漢字のルーツ」は小社より『面白いほどよくわかる漢字』として刊行されたものから引用し加筆＆再編集をしました。

カバーデザイン／BOOLAB.
本文DTP／松下隆治
編集協力／オフィス・スリー・ハーツ
株式会社春橙社

【監修者略歴】

山口謠司（やまぐち・ようじ）

1963年長崎県生まれ。博士（中国学）。大東文化大学文学部大学院、フランス国立高等研究院人文科学研究所大学院に学ぶ。ケンブリッジ大学東洋学部共同研究員などを経て、現大東文化大学文学部中国文学科教授。

主な著書に『語彙力がないまま社会人になってしまった人へ』（ワニブックス）、『日本語を作った男　上田万年とその時代』（第29回和辻哲郎文化賞を受賞。集英社インターナショナル）、『日本語の奇跡＜アイウエオ＞と＜いろは＞の発明』『ん－日本語最後の謎に挑む－』『名前の暗号』（新潮社）、『てんてん　日本語究極の謎に迫る』（KADOKAWA）、『カタカナの正体』（河出書房新社）、『大人の漢字教室』『にほんご歳時記』（PHP研究所）、『漢字はすごい！』（講談社）、『ここが肝心！ 語彙力のヘソ』（徳間書店）、『おとなのための１分音読』シリーズ（自由国民社）など著書多数。

現在、日本語の面白さを紹介するために、YouTubeを配信しています。
「やまぐちようじ」と検索すると出てきますので、良かったらご覧ください。

眠《ねむ》れなくなるほど面白《おもしろ》い
図解《ずかい》　大人《おとな》のための日本語《にほんご》と漢字《かんじ》

2020年 4 月10日　第1刷発行
2023年 3 月 1 日　第3刷発行

監修者
山口謠司《やまぐちようじ》
発行者
吉田芳史

印刷所
株式会社光邦
製本所
株式会社光邦
発行所
株式会社日本文芸社

〒100－0003 東京都千代田区一ツ橋1－1－1 パレスサイドビル 8F
TEL.03-5224-6460（代表）

＊

112200324-112230220 Ⓝ03（300031）
ISBN978-4-537-21782-7
編集担当・坂